グローバルビジネスとアメリカ・ユダヤ人

―その思想と行動の解明―

竹田志郎 著

文眞堂

はじめに

アメリカのビジネスにみるユダヤ的特性を探るという問題を、ユダヤ人関係の専門研究者ではない筆者が、本書のテーマとして敢えて採り上げた理由は次の経緯による。

今から丁度、半世紀前、筆者は、ＪＥＴＲＯへの出向職員として「ニューヨーク軽機械センター」で家庭用ミシンや光学機器に関する調査・広報等の業務に従事していた。その折、担当品目の現地業者をはじめ、市場調査・ＰＲ代理店等との交際で多くのユダヤ系アメリカ人の仕事・生活上の考え方・行動に接する機会を得た。帰国後、そうした実務上の経験や関連資料を整理した結果を『ユダヤ・ビジネス』（ダイヤモンド社１９７２年）と題する書籍として刊行した。その際に検出したユダヤ系アメリカ人のビジネス行動の特徴を振り返るとき、現在、かれらが、アメリカで築き上げているビジネスの金字塔ともいうべき、ＩＴ（情報技術）産業企業の行動様式の中に生き続けていることを知った。

ＩＴ企業が、現在のアメリカ多国籍企業にあって大きな位置を占め、重要な役割を演じていることは言うまでもない。本書執筆の直接の動機はこうしたグローバル化に対応するビッグ・

ビジネスの行動を知る上で、ユダヤ系アメリカ人達のビジネス行動を改めて確認することは、重要な意味をもつと考えたからである。

本書では、前掲拙著の分析結果を踏まえて、現在のアメリカ・ビジネスの中で息づくユダヤ的特性の検出を試みた。

まず、現在のアメリカ社会にどのくらいのユダヤ人が住みつき、どのように暮らしているのか、移民世代から、アメリカ生まれの人々に至るまで、かれらは仕事の場をどのように創り出してきたのかを振り返ることから出発する。（Ｉ）

当初かれらのアメリカでの主たる仕事は、行商人から始まり、各種の大量小売機構に至るまでの流通業の開発であった。では、リーマン・ショックで世界経済に種々な影響を及ぼすまでに成長した金融業では、アメリカの経済体制の基幹となるには至らなかったのはなぜか。（Ⅱ）

かれらの中には、自ら新ビジネスを開拓するだけでなく、既存の巨大産業企業の中にも新しい住処を見付け、成功への途を歩んだ者達もいた。かれらは、いち早くアメリカ化を進めたわけだが、ビジネス行動でのユダヤ的特性を完全に失ったわけではなかった。（Ⅲ）

「知力」を売り物とするかれらは新しく巨大な活動の場としてＩＴ産業を創出した。もとより、ＩＴ企業の創設者達が全てユダヤ人ではない。だが、このＩＴ業界で圧倒的な力を持つかれらのビジネス行動には、ユダヤ的特性がかつての流通企業と同様に明確に現れることにな

る。（Ⅳ）

ビジネス行動が、他企業と相互に影響を及ぼし合う場は個々の取引活動である。その意味で、アメリカのビジネスにユダヤ的特性が現存するのであれば、アメリカ企業一般が行う取引活動の中にその特性は具現化されている筈である。それを検出してみたい。（Ⅴ）

なお、本書では、「グローバル企業」は「多国籍企業」と同義語として使用していること、個人の履歴や企業設立の経緯は「ウィキペディア」を中心に整理していること、また、重要点は、「見出し」と「傍点部分」を合わせて注目することで理解されるようになっていることなどをお断りしておきたい。

末尾ながら、本書の刊行にあたり、（株）文眞堂・前野隆社長のご尽力に改めて深謝申し上げたい。

２０１５年１月

竹田志郎

グローバルビジネスとアメリカ・ユダヤ人――目次

I　アメリカ社会とユダヤ人　1

I　アメリカ社会とユダヤ人

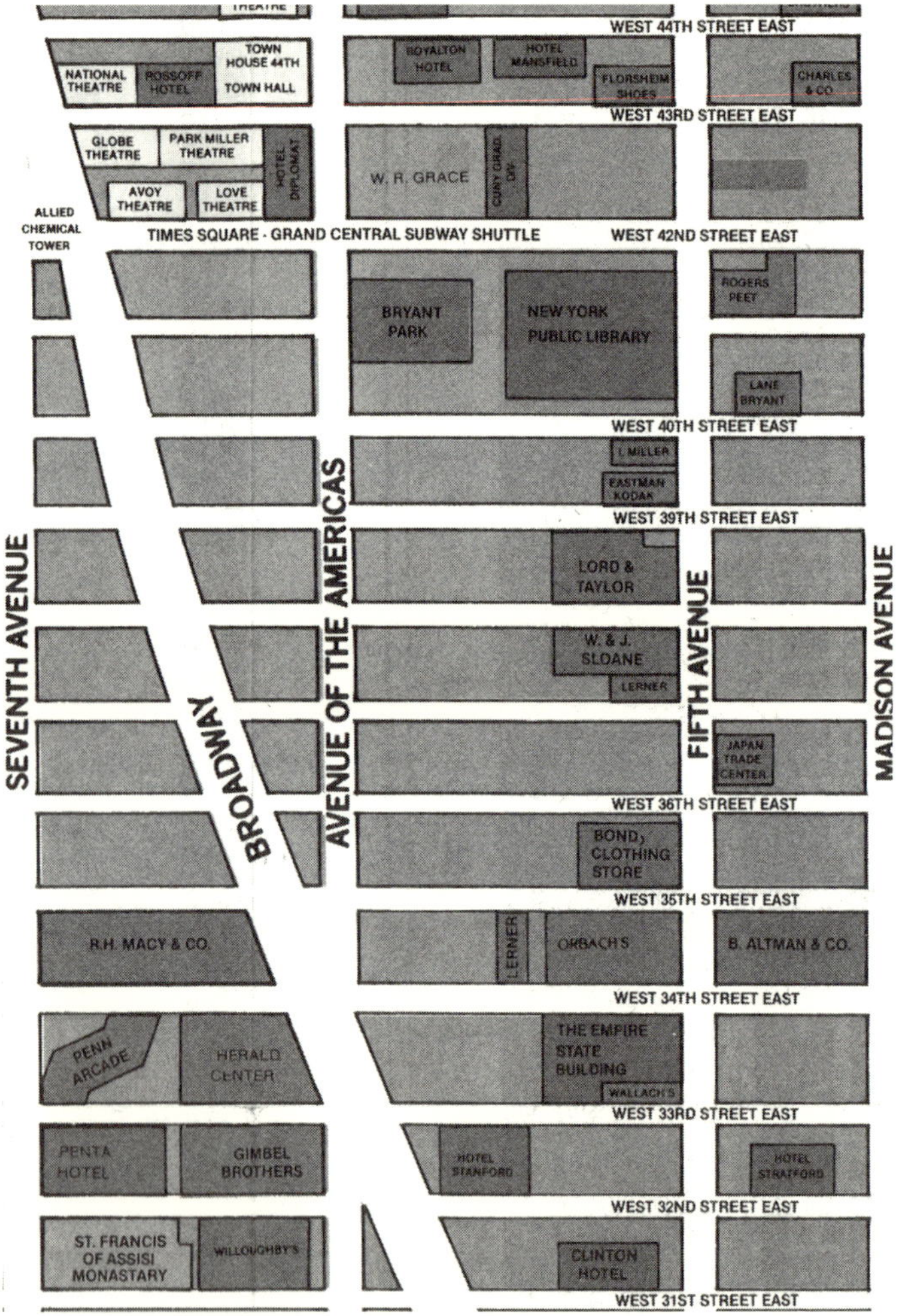

有名百貨店が立ち並ぶマンハッタン・5番街—ニューヨーク

1　三つの出来事―ＩＴ企業の「ヒト」「モノ」「カネ」

アメリカのユダヤ人達の生きる途は、常に新しい事業機会の開拓にあった。本書では、

①この途をどのように開拓してきたか？

②なぜその途を生きなければならなかったのか？

③その過程でどのようなビジネス行動を生み出してきたか？

そのキッカケとしてかれらの活動の大きな活躍の舞台であるＩＴ（情報技術）産業に生じた２０１３年後半から14年に生じた次の三つの出来事に注目したい。

ＭＢＯと買収と売却

第１の出来事は、マイケル・デルによるデル社のＭＢＯ（経営陣が参加する買収）である。２０１３年10月末、デル社の創業者、デルＣＥＯ（＝経営最高責任者）と米投資ファンドのシルバーレイク・パートナーズによるＭＢＯの手続きは完了した。買収総額は、約２兆４４００億円といわれる。これで米ナスダック市場での上場廃止となり、Ｍ・デルは、投資家の意向を気にせずに大胆な改革を進める考えだという。記者会見での質問に対し、かれは次のように言う。

「総合ＩＴ（情報技術）サービス企業への転換はＭＢＯなしでもできるのではないでしょうか？〝経営のスピードを上げる手段として最善の策を取ったということだ。研究開発への投資もしっかり続けていく。〟ＨＰはスマホを開発中ですが、同分野に再び参入する計画はありますか？〝スマホは考えていない。あくまで中心はタブレットだ。ＩＢＭやＨＰなどよりもわれわれの利益率は高い。〟」(1)

創業者であるＭ・デルは、２００４年にＣＥＯを退任するが、デル社のパソコン販売が伸び悩むと再び０７年にＣＥＯに復帰。ハード事業への依存からの脱却を狙い、ＩＴサービス業の買収等でその布石を打つが、利益の向上を見ることはなかった。そこで、スマホやタブレットの普及によるパソコン市場の成長鈍化を法人向け事業やＩＴサービスに事業構造を改革し、成長軌道に乗せるという課題解決のため、株式上場を廃止してまでも一層ＣＥＯへの権限と責任の集中を計り、機動的な経営を可能とする挑戦がなされたわけだ。

この出来事は、自らの意思決定により、より速やかな事業転換が行える基礎づくりであり、特定の「ヒト」の力に重点をおいたビジネスの重視と言えよう。

第２の出来事は、マイクロソフトによるノキアの携帯電話端末事業の買収である。買収総額約７１００億円を投入し、スマホ用基本ソフトを使う「ウィンドウズフォン」でスマホ事業の巻き返しを狙うものとみられる。この買収について同社の当時のＣＥＯ、スティーブ・バルマーは「ハードとサービス重視」を軸として「脱パソコン」へのレールを敷く意味で「買収により携帯電話市場のシェア獲得を加速させた」とし、「ノキアの技術がマイクロソフトの成長力となってくれることを願っている」(2)と発言した。そして自らのＣＥＯ引退理由として「デバイス（機器）とサービス会社を目指し長期的に取り組める新ＣＥＯが必要」(3)とも語った。

ソフト開発に注力してきたマイクロソフトにとって、ノキアから従業員約３万２０００人を迎える買収は創業以来の大転換であり、これを主導するＳ・バルマーはハードウェアとソフトウェア、サービスを融合する将来戦略を強調する。これはソフト企業にとっても「モノ」づくりが市場支配への不可避のビジネスであることを示している。

第３の出来事は、グーグルによるモトローラのレノボへの売却である。グーグルは２０１２年５月にモトローラを約１兆２８００億円で買収し、スマホ事業に参入したわけだが、２年程で約２９７０億円で手放すことになった。モトローラが所有していた多くの特許を保有し続けるとはいえ、買収価格の約４分の１の価格で売却することになったのは、「スマホ市場は（米アップルや韓サムスン電子などとの）競争が極めて厳しい」(4)として見切りをつけたからだ、と同社ＣＥＯのラリー・ペイジは言う。

２０１１年に79社、12年には53社と週に１社以上のペースで企業買収を続けているグーグルは、ＩＴ産業に止まらず、医療、ロボット、自動車等の業種で新設・買収・提携を行っている。新規事業展開は十分な計算と見通しを立て、それにそぐわない動きをみると素早い転換を続けている。これが出来るのは、Ｌ・ペイジが言うように「新分野への投資が、経営規模からみて大した額ではない」[5]からに他ならない。つまり、いつでもかなり自由に会社の「カネ」を活用できるビジネスだからと言えよう。

以上、三つの出来事を主導してきたユダヤ人最高経営者達の「ヒト」「モノ」「カネ」という経営資源への対応の姿勢のなかに、ユダヤ人達のアメリカでのビジネス行動を知るカギが潜んでいると言えよう。

3 人のユダヤ人最高経営責任者（CEO）

デル社のＭ・デルは、ヒューストン（テキサス州）で１９６５年に生まれた。父は歯科矯正医、母は株式仲買人という東欧系ユダヤ人の二世として裕福な暮らしを送っていた。15歳の頃より買い与えられたコンピュータを分解し、構成部品の改造などに興味を抱いた。

両親の希望もあってテキサス大学の医学部に入学するが、コンピュータ製造への希望を捨てきれず、１９８４年19歳の時、大学を中退。注文製品を直接に販売する会社を設立し、88年には株式公開に踏み切り、社名をデル・コンピュータとした。会社は順調に成長し、１９９２年にはフォーチュン誌の５００社入りを果たし、最年少のＣＥＯとなった。その後、製品ラインの拡大から、２００３年には社名を「デル」に改称することになる。

マイクロソフト社のＳ・バルマーも１９５６年、デトロイト（ミシガン州）生まれ。父はスイスから移住したドイツ系ユダヤ人でフォードのマネージャーとして働き、母もロシア系ユダヤ人の移民で自動車関連事業を行う家族の娘であった。

バルマーは高校生の頃から数学に秀でており、ハーバード大学で経済学を学び、卒業後、Ｐ＆Ｇに２年間勤務するが、ＭＢＡ取得を目指し、再びスタンフォード大学院に入学した。だが学部時代からの友人、ビル・ゲイツからの要請でマイクロソフト社への入社のため中退。現在１０２カ国に拠点を持ち、10万人に近い従業員に発展する同社の30人目の社員となった。入社後、開発、販売等の事業部門の部長を経て１９９８年社長に昇進、２０００年１月にゲイツの辞任に伴い、ＣＥＯに就任した。

３人目のグーグル社ＣＥＯ、Ｌ・ペイジは、１９７３年にイースト・ランシング（ミシガン州）で生まれた。父はミシガン州立大学の教授で計算機科学、人工知能に係る研究に従事し、ユダヤ人の母も同大学でコンピュータプログラミング担当の教師をしていた。なお、祖父はＧＭの工場労働者であったという。

ペイジは６歳の頃からコンピュータに興味をもち、ミシガン大学で計算機工学を専攻、卒業後、スタンフォード大学大学院に進学、情報科学の研究を進め修士課程を修了。その後、博士課程で同年齢のセルゲイ・ブリンと知り合う。「二人とも知的な人物と議論を戦わせることに情熱を持っており」「すぐにたがいを理解し合った」(6)という。

やがて、二人は関連情報の検索システムの作成に関心を抱き、大学院を休学し、1998年グーグル社を共同設立する。そしてペイジは共同社長兼CEOを務め、一時製品部門担当の社長を経て、2011年にCEOに復帰した。

3つの共通点

これら3人のアメリカのユダヤ人達の生い立ちに注目すると次の3つの共通点に気付く。

(1)　ユダヤ系移民の二世か三世で、2014年時にデル49歳、バルマー58歳、ペイジ41歳と皆同世代であり、親達は、医師、大学教師、会社員など知的職業人で比較的裕福な家庭に生まれていること。

(2)　デルのように親の希望でやむを得ず自分の志と異なる修学の途をたどる場合にしろ、自らの選択で積極的に大学・大学院での研究を行う場合も高度の教育を受けていること。

(3)　ハードウェア、ソフトウェアかの違いはあるものの情報技術には幼少時より興味をもち、就学時でも関連分野の修得を続ける優秀な能力を持っており、学業を離れて起業化を進めたこと。バルマーの場合は、彼のもつ知的能力に注目したゲイツの積極的な誘いで、既存企業への就職となるが、学業は止めることになる。

かれらのほかにもフェイスブックCEO、マーク・ザッカーバーグも同様の経歴をもつ。

無論、こうしたビッグ・ビジネスを動かす人達が、アメリカのユダヤ人達の全てではない。どのくらいの人達が祖国イスラエルを離れ、アメリカに移り住み、どのように暮らしているのだろうか。

2　ニューヨークに〝メリー・クリスマス！〟はない

アメリカのユダヤ人を語るとき、「ユダヤ人」とは、が問題となる。ユダヤ人問題の専門家でない筆者としては、単にユダヤ教の信奉者としか説明できない。宗教というものが、人々の社会生活の中から生まれたものでなく、政治的支配の手段として導入・利用されてきた日本人にとって宗教が生活の規範となっていないため、ユダヤ教、キリスト教、イスラム教のように民族の特性を形作っていることを感覚的に知ることは難しい。

カレンダーには公休日＋宗派別祭日が

この辺の事情を知る上で興味深い新聞記事が目に留まった。

「年末、集合住宅のエレベーターで居合わせた人と、どう挨拶するか。買い物をして支払う時、レジ係から何と言われるか。注意して聞いていると、〃メリー・クリスマス〃と言われることはめったにない。多いのは圧倒的に〃ハッピーホリデーズ〃だ。〃メリー・クリスマス〃は、ほぼ『禁句』の扱いを受けている。……この時期、キリスト教のクリスマス、ユダヤ教のハヌカー、アフリカ系米国人のクワンザなど、宗教や民族によって多様な祝祭が続く、相手がどんな宗教を信じているか分からない場合、宗教色のない〃ハッピーホリデーズ〃が最も無難だからだ。……ユダヤ人が多いニューヨークでは、ユダヤ教の祝日である秋のロシュ・ハシャナ（新年祭）とヨム・キプル（贖罪日）は公立学校の休日となっている。……キリスト教の祝祭としてクリスマスを祝う人たちが少数派であるにもかかわらず、みんな屈託なく〃メリー・クリスマス〃と叫ぶことができる日本は、さて、幸せだということなのだろうか。(7)」

この指摘はアメリカで宗教が生活に深く入り込んでいるかを表している。ユダヤ教についてみると、上記の新年祭・贖罪日のほかにパスオーバー（過越の祭）は、元日、独立記念日、感謝祭など公的に定められた8つの祝祭日に加え、通常のカレンダーに祭日として記されている。［表1参照］

このように多くの民族が住むアメリカでどのくらいのユダヤ人が生活しているのだろうか。

表1　アメリカのカレンダーに記載される祝祭日（2014年時）

1月1日	元旦（New Year's Day）[祝日]
1月20日	キング牧師記念日（Martin Luther King Day）[祝日]
2月12日	リンカーン誕生日（Lincoln's Birthday）[州の祝日]（5州）
2月17日	大統領の日（Presidents Day）[祝日]
3月5日	聖灰水曜日（Ash Wednesday）[キリスト教祭日]
3月17日	セントパトリックの日（St. Patrick's Day）[祭日]
4月15日	過ぎ越しの祭（Passover）[ユダヤ教祝日]
4月18日	聖金曜日（Good Friday）[州の祝日]（14州）
4月20日	復活の主日（Easter Sunday）[キリスト教祭日]
5月26日	メモリアルデー（Memorial Day）[祝日]
7月4日	独立記念日（Independence Day）[祝日]
9月1日	勤労感謝の日（Labor Day）[祝日]
9月25日	ユダヤ教新年（Rosh Hashana）[祝日]
10月4日	贖罪の日（Yom Kippur）[ユダヤ教祝日]
10月13日	コロンバス記念日（Columbus Day）[祝日]
11月4日	国民選挙日（Election Day）[州の祝日]（11州）
11月11日	退役軍人の日（Veterans Day）[祝日]
11月17日	感謝祭（Thanksgiving Day）[祝日]
12月25日	クリスマス（Christmas Day）[祝日、キリスト教祝日]

注：上記はごく一般的なカレンダー（市販品、ホテル等の配布品）に記載された祝祭日でHolidayを「祝日」（休日）とし、Observanceを「祭日」とした。したがって、ユダヤ教徒向けのカレンダーには祝祭日が上記の他、「プリム祭」「五旬節」「神殿清めの祭り」等11の祝祭日やキリスト教徒の場合には、「聖土曜日」「キリスト昇天祭」「諸聖人の祝日」等15の祝祭日が加わることになる。また、「州の祝日」（State holiday）は、上記の他1州だけのものから数州に共通するもの、最大17州におよぶものまで総計52日に達している。

イスラエルの次に多いユダヤ人の数

２０１０年代に入ってからのユダヤ人総人口は、約１３５８万人、そのうち本国イスラエルに５７０万人強、アメリカには５２７万人強が暮らしている。したがって、ユダヤ人全体の４割弱がアメリカに居ることになる。もとより、ユダヤ人は世界各国にその生存の地を求め、移住しており、アメリカ以外の移住国ベスト5は、フランス48万人強、カナダ37万人強、英国29万人強、ロシア20万人強というところだ。この他10万人台にアルゼンチン、ドイツ、豪州の3カ国、以下10万人～2万人台の国としてブラジル、ウクライナ、南ア、メキシコ、ベルギー、オランダ、イタリア、チリがあげられる。(8) これらの数値からみてアメリカがいかに巨大な移住先国であるかに気付く。

ただ、アメリカでの精確な人口数を知ることは統計上かなり困難なようだ。それは「ユダヤ系」の人々を把握する一定の基準が無いからだ。３７００強のユダヤ教会に所属する人達から、無宗教ユダヤ人あるいはユダヤ人であっても、仕事や生活面で自らユダヤ人であることを公言しない人々までいるわけだから、厳密な人数の掌握は不可能といえる。

それでも、各機関の調査統計によると、２０００年代に入ってからの在米ユダヤ人の数は、５００数十万人から６００万人強と推定される。(9) かれらは主に都市圏に居住しており、１９３０年代よりニューヨークをはじめ、シカゴのあるイリノイ州やカリフォルニア州に集中していた。２０００年代に入ってもこの傾向は変わらず、ニューヨーク、ボストン、フィラデルフィア、マイアミ、ロサンゼルス、サンフランシスコ、シカゴ、ボルチモアに集中している。もし全米に約５３０万人（２０１０年時）が居住しているとすれば、上記８都市だけで４３０万人強となり、全体の８割強に達することになる。

特に、ニューヨークには２００万人強と、他の都市（20万人～60万人台）と比べ、ケタ違いに多くなっており、〝メリー・クリスマス！〟が〝ハッピーホリデーズ！〟に変わるのも当然なことと言えそうだ。［表２参照］

ユダヤ人の外国への移住は、〝その国の人になりきる〟という感覚で進められているようだ。インテルの創業者、アンディ・グローブは、次のように言う。「私はアメリカで新たな人生を歩みはじめ、この地にすっかり根を下ろした。たとえハンガリーに私のルーツがあろうとも、出国した時点でそのルーツは断ち切られ、やがて生気を失っていったのだ」[10]と。

表２　ユダヤ人の人口（都市圏）

順位	都市圏	人口
1	ニューヨーク市	2,028,200人
2	ロサンゼルス	662,450人
3	マイアミ	337,000人
4	フィラデルフィア	285,950人
5	バルチモア／ワシントン DC	276,445人
6	シカゴ	265,400人
7	ボストン	261,100人
8	サンフランシスコ	218,700人

出所：Association of Religious Date Archive 調べ。

だが、かれらが現地国にとけ込む性向をもつとはいえ、ユダヤ人のもつ特性を急激に失うものではない。例えば、かれらのもつ人と人とのつながりを重視する性格が、簡単に消滅しないことを、かつて、筆者が遭遇した次の出来事に現れている。

「国際適応性」の高さと「内部結束性」の強さ

1967年6月6日の午後、ニューヨーク5番街40丁目の歩道、5〜6人の学生が一団となり、そのうち4人ずつがテーブルクロス大の布を拡げ、他の1〜2人が何か大声で道行く人々に呼びかけ始めた。気がついてみると、この種のグループは2〜3ブロック毎に5番街の両側に立っていた。4人の手で拡げられた真っ白な布は、通りかかる人々の投ずる紙幣（コインではない！）によって埋められていく、ものの15分もたたぬうちに、布地の白は多くの紙幣で完全にかき消されたといってよい。2〜3日間続けられたこの募金活動は、イスラエル・アラブ戦争（第三次中東戦争　1967年6月5日〜10日）へのユダヤ人学生による戦時義援金募集であった。

この光景は、アメリカのユダヤ人達のもつ性格を知るキッカケを提供してくれる。

第1に、募金の場所が祖国を遠く離れた外国であること。それにも拘らず多くの積極的な援助が得られるということは、かれらが海外諸国に数多く住みついていることだ。

第2に、募金活動の開始が祖国での戦争開始より2日と経っていないこと。これはかれら相互間の意思伝達力の素早さと共にその結束力の強さを示している。

第3に、募金の単位が、1960年代後半であっても1ドル以上の単位であったこと。これは積極的な援助意識をもとに、かれらが自ら合理的と考える事柄への支出を厭わないことの現れといえる。

ここに国際適応性の高さと内部結束性の強さという、かれらの属性を垣間見ることができる。

では、現在、500万人を超えるユダヤ人は、アメリカにどのように移り住み、自らの生存の場を創り出してきたのだろうか。アメリカへの移住が本格化した19世紀前半以降、都市圏に居住地（ゲットー）を求めてきたのはかれらの職業と無縁ではなかった。

3　アメリカ移住の〝五つの波〟とビジネスの〝隙間〟

アメリカへのユダヤ人の移住には、五つの波が見られた。初めての移住は、1654年末、ニューヨークのマンハッタンへの27名（23名という説もある）の到着から始まるという。

未だオランダの支配下にあったニューヨーク領事はかれらの移住を認め、礼拝堂や墓地の建設を認めたと言われる。かれらは欧州で迫害を受け、南米に渡り、銅、鉄などの開発に新しい生活を求めた。この成功を知ったスペイン、ポルトガルはその成果を奪うため南米のユダヤ人への収奪を開始した。この難を逃れるため、かれらは中米を経てニューヨークへ辿り着いたというわけだ。

この後、スペイン、ポルトガル系ユダヤ人達は数多く移住し、第1の波となった。かれらは植民地時代末期までにニューヨークを中心に住みつき、貿易商をはじめ、肉屋、洋服店、時計作り、石砕業者などで生計を立てた。こうした職業は、当時、すでに形成されていた造船、製鉄、製材のような大きなビジネスの〝隙間〟であったわけだ。

本格的な移住の開始

独立戦争（1775年～83年）を契機に植民地時代が終わると、19世紀前半から中頃にかけて本格的なユダヤ人の移住―第2の波―がドイツを中心に西欧から行われた。かれらの求めた既存事業の主な〝隙間〟は、行商人から出発し、百貨店や投資銀行への発展の途であった。かれらの商売は、西漸運動の中で都市から離れた開拓者や農民への糸、針、ブリキ製品、ナイフ、籠、時計などの生活用品の販売から出発した。

当初、徒歩や馬での行商は、道が良くなってくると、幌馬車での運送となり、また各地に倉庫を持つなり、居住地を移すかして商売を拡げていった。その後、一層の道路整備や鉄道の敷設、郵便制度の発達につれ、人の移動で各地に都市が形成された。行商人達は、東部に出現した大都市で万屋や専門店などの小売商に発展した。その中の成功者として メーシーズのような百貨店をはじめ地方向けの新しい業態としてシアーズ・ローバックのような通信販売店を生み出すことになる。

この行商で資金を得たドイツ系ユダヤ人の全てが、こうした小売商になったわけではなく、セールスマン、仲買人などになった者もいたし、その資金をもとに母国や他のユダヤ資本とのつながりを利用して投資銀行に成長した者もいた。ゴールドマン・サックスなどはその成功者であった。この他にも布・下着・たばこ等のメーカーにもなっていった。ジーンズの発明者、リーヴァイ・ストラウスもその一人だった。

だが、こうした成功への途を辿ったものは数少なく、1889年時のドイツ系移民（子供を含む1万8115名対象の調査）の就業形態は、小売、卸売、旅商人等の合計が6割弱で商業中心となっていた。［表3参照］その他、肉屋、パン屋、

表3　ドイツ系ユダヤ人の就業形態

小売業	34.9%
会計士、経理係、事務員、写字生	17.0%
卸売業	12.9%
熟練および反熟練労働者	11.9%
セールスマンと旅商人	9.9%
知的職業家	4.7%
銀行員、ブローカー、会社役員	2.3%
集金人、競売人、代理人	2.3%
農夫、飼育者、家畜商	2.1%
その他	2.0%

出所：American Jewish Year Book, 1950.

洋服屋、機械工、金属加工労務者、金銀細工師、大工等の熟練・半熟練労働者、会計士、事務員等になっていた。

現在のユダヤ系アメリカ人の源

やがて、現存するアメリカのユダヤ人の大多数を生む移民、第3の波が押し寄せる。1880年代に至るとアレキサンダー二世の暗殺が惹き起こした反ユダヤ主義運動の激化で多数の東欧系ユダヤ人が移住する。1901年から10年までのアメリカへのユダヤ人移民数は90万人強に達し、その内、ロシア系が75％強、ハンガリー・オーストリア系が18％強であった。80年代に初めから通算すると150万人強が移住したことになる。かれらは開拓への途をどのように歩んだのだろうか。

1890年代に入ると、既存の米国メーカーの巨大化が進み、販売活動を商人に依存せず、自ら積極的に行うようになった。加えて、ドイツ系ユダヤ移民による商業活動の大幅な発展で流通市場は狭められていった。つまり、小資本で手軽に行える商売は、今回のユダヤ人達の前には存在しなかったわけだ。したがって、かれらは商業ではなく、自らのビジネスを別の〝隙間〟に探らねばならなかった

そこで、かれらは、まず、自らの〝安全〟を求め、巨大都市に形成されたユダヤ人の居住地

に住み、ユダヤ人のもつ工場や商店で働こうとした。特に、強い信仰心をもつ正統派ユダヤ教徒は、宗教上の習慣や伝統を貫ける場所を選んだし、また、大学や専門学校への入学を目指す者もいたことから、巨大都市への定着が一層、強くなっていった。そのため、ドイツ系ユダヤ人と異なり、かれらの大部分が賃金労働者として働き始めた。

1900年時の東部主要7都市でのかれらの就業状態をみると、製造業と建設業で6割強の人達が働いていた。母国で慣れ親しんでいた業種である被服をはじめ、皮革、金属加工、蒸留酒・煙草製造などに多く見られた。この他にも、家具、靴、化粧品等の家内工業などにも多くの東欧系ユダヤ人は進出していった。［表4参照］

ロアーイーストサイドに響くミシンの音

こうした製造業者の内、洋服、シャツ、帽子などの被服産業に従事する者が約6割に達した。この産業を支えた企業が1851年に設立されたシンガー社によるミシンの開発だった。かれらはミシンを使う仕事の中に自らの生きるビジネスの〝隙間〟を探り出していった。ユダ

表4　東欧系ユダヤ人の就業形態

製造業、建設業	60.6%
商業	19.9%
家事および人的サービス	7.9%
事務労働	6.7%
知的職業	2.6%
運輸と通信	1.6%
農業、漁業、林業、鉱業	0.4%
公共サービス	0.3%

出所：American Jewish Year Book, 1950.

ヤ人による被服産業はニューヨークを中心に発展していった。ここでの「被服産業の命運は、市の経済と密接に関連していた。マンハッタンの製造業者はそのロケーション―くもの巣状にはりめぐらされた国の十字路とも言える商業上、運送上のルートの中心部―から利益を得るとともに街をも支えていた[11]」

かつて、B・リトヴィーノフは、次のように言った。マンハッタンの「イースト・サイドには発明されたばかりの奇蹟、ミシンの音が鳴り響いていた。ユダヤ人伝統の産業、繊維産業に革命がおとずれていたのである。早く作ればそれだけ安く売れることができ、……アメリカの土を踏んでから5年以内に立派に一本立ち[12]」していった。

被服産業だけでなくアメリカのビジネスの〝隙間〟にかれらが開拓した新しい大きな事業に映画産業を忘れることはできない。パラマウント、ユニバーサル、MGM等の設立によるハリウッド文化の形成であった。映画産業はクーン・ローブ銀行、デュポン、モルガン等の金融資本と結び付き巨大化していった。

加えて、当時、かれらが生み出した産業には、ニューヨーク・タイムズ、ウォールストリート・ジャーナルのような新聞、タイム、ニューズウィーク等の雑誌の発刊をはじめ、NBCやCBSのようなラジオの開局などマスコミ事業が挙げられる。

大経済恐慌後の生業

東欧からの移民―第3の波―も、1924年、アメリカの新「移民法」の制定で終焉する。そして第4の波が、1933年、ナチス・ドイツの成立により、ドイツ、オーストリアから押し寄せることになる。移民法による受け入れ制限のため、数は25万人程度と多くはなく、アイン・シュタインやピーター・F・ドラッカーといった科学者、学者をはじめ、作家、医師、教師等の知的職業に従事する者が大勢を占めていた。

P・F・ドラッカーの場合、オーストリアのウィーンで1909年、裕福なドイツ系ユダヤ人の家庭に生まれ、1929年現地の新聞記者になる傍ら1931年フランクフルト大学で法学博士の学位を取得する。しかし、1933年に発表した論文に対するナチスの批判を恐れ、退職。そして、ロンドンに移住、イギリスの投資銀行に勤務し、1937年同じドイツ系ユダヤ人と結婚後、アメリカへ移住したわけである。

こうした第4の移民の波は、アメリカでのかれらの就業形態に大きな変化を起こした。すなわち、既存の製造業従事者の減少と商業、事務職、専門職の増加を促した。ちなみに、1937年のニューヨーク市の就業者数でユダヤ人が半分以上を占める職業をみると、繊維・毛皮の製造業や衣料・薬品・食料品店がみられ、専門職業では歯科医・医師となっている。これが現在のアメリカのユダヤ人達の就業形態の原形を形づくることになる。

この就業形態の変化は、29年の大恐慌を頂点に20年代に始まった慢性的過剰生産により、かれらが生産部門からはじき出され、非生産部門に流れていく労働力の動きを物語っており、教育を受け、自らの能力で生存の途を切り開いていく姿を示している。

第二次世界大戦中から1950年代に入るまで新たに8万人を超えるユダヤ人がドイツを中心に欧州各地からニューヨークなど巨大都市の居住地に定着していった。かれらは先住のユダヤ人を含め、アメリカで現存する就業形態を創り出していった。すなわち、1960年代のアメリカでのユダヤ人(男性だけ)の職種は、所有主と経営者40・7%、販売担当員20・9%、知的職業人20・7%となり、合計82・3%に達している[13]。アメリカ人全体のこの3職種は27・1%である。特に目立つ点は、かれらの40%強が「所有者・経営者」であることだ。これは、かれらが既存ビジネスの〝隙間〟に自らの手で創り出してきた事業に生活の場を求めた結果であろう。

第二次世界大戦後の移民とアメリカ生まれのユダヤ人

第二次世界大戦を経て、イスラエル建国(1948年)後、第三次中東戦争(1967年6月)をきっかけに、ソ連在住のユダヤ人達の国外移住の制限が解かれ、イスラエルへはもとよりアメリカへの移住が多数行われ、第5の波となった。例えば、1989年のソ連のユダヤ人

表5　ユダヤ系アメリカ人の人口推移

年次	全人口	ユダヤ人人口	ユダヤ人割合
1790	3,929,000	1,350	0.03
1800	5,308,000	1,600	0.03
1810	7,239,000	2,000	0.03
1820	9,638,000	2,700	0.03
1830	12,866,000	4,500	0.03
1840	17,069,000	15,000	0.09
1850	23,191,000	50,000	0.2
1860	31,433,000	150,000	0.5
1870	38,558,000	200,000	0.5
1880	50,155,000	250,000	0.5
1890	62,947,000	450,000	0.7
1900	75,994,000	1,050,000	1.4
1910	91,972,000	2,043,000	2.2
1920	105,710,000	3,600,000	3.4
1930	122,775,000	4,400,000	3.6
1940	131,669,000	4,800,000	3.7
1950	150,697,000	5,000,000	3.3
1960	179,323,000	5,500,000	3.1
1970	203,235,000	5,850,000	2.9
1980	226,545,000	5,920,000	2.6
1990	262,754,000	5,500,000	2.1
2000	291,421,000	5,200,000	1.8

出所：A History of the Jew s in America, A. Karp, 1997 (NJPS 1990, 2000) Steven Silbiger, The Jewish Phenomenon revised ed., M.EVANS, 2009, p.7

人口は145万人であったが、年末にはそのうち6万人がアメリカに移住したという。こうして、アメリカは現在、500万人を超えるユダヤ人の最大移住先国となったわけである。［表5参照］

グーグル社の共同創設者、セルゲイ・ブリンも1979年、6歳の時、家族と共にアメリカに移住した1人だった。そして第1節でみたように、ラリー・ペイジと共に1998年にグーグル社を設立する。この他、デル、インテル等の経営者としても多くのユダヤ人達は活躍することになる。ハードからソフトまで情報技術産業は、ビジネスの〝隙間〟に開発されるかれらの新しく大きな途となった。

この新天地開拓の先導者達は、このブリンやインテルのA・グローブのような戦後の移民だけでなく、M・デル、L・ペイジ、J・バルマーのようにアメリカ生まれの二世だった。欧州での種々な迫害の中に生き、アメリカに新しい生存の場を求めた初代の移民に対しかれら二世との間には、生きる上でどのような違いが見られるのだろうか。

4　移住後の二代目、三代目

現代アメリカのビジネスで大きな役割を演じている東欧系移民の初代と二代目、三代目では生き方に大きな相違がある。「これら三世代の人々を同種のものと考えることは、単純化のしすぎになる[14]」という。

〝アメリカ化〟への途

初代の人々は十分な教育や職業上の訓練も受けることなく、東欧の居住地での伝統的な生活に染まった人達だった。アメリカでのかれらの目標は自らのつくった居住地で生き延びることだった。したがって、かれらは欧州での生活様式をアメリカに移植し、再生していった。新しい居住地では、宗教制度が生活をし易くし、時には文化移入の途を開いていった。かれらの大部分は、最低の社会、経済的な位置から中産階級に達することを目標に生活していた。つまり、かれらの希望、教育への情熱、貯蓄心、都会的感覚が、当時のアメリカでの経済・教育上の機会と結び付き、居住地生活を変革していく社会的な力となった。

その結果、かれらの二代目は、全体として、〝アメリカ化〟を受け入れることになった。この現地適合化の過程は、教育やマスコミを通して進められ、言語、衣服のようなユダヤ的特性の本質的でない部分から他のアメリカ人と同じになっていった。しかし、かれらはまだ、両親や親類と暮らしていたので、二つの〝世界〟─社会・経済的進歩の制限となる居住地での生活とそうした制限のないアメリカでの生活─に住むことになった。

この対立した二つの〝世界の調整〟が、かれらの生き方、考え方を特徴づけた。その結果、かれらの採った行動は、居住地からの離別と初代目のもつ世界観の拒絶だった。しかし、一方では、こうしたかれらをキリスト教徒を中心とする〝アメリカ〟は拒絶していった。そこで、二代目ユダヤ人達は、安楽の源泉と同士相互の維持のための〝ユダヤ人らしさ〟を創り出すことになる。まさに「非本質的変化である文化移入が、本質的で構造的な同化作用よりも急速に生じた[15]」のである。

初代の生存目標を〝生存と迫害への抵抗〟にあるとすれば、二代目のそれは、〝成功と限界への挑戦〟であったと言えるし、三代目は〝安楽の確保〟を目標とすることになる。つまり、かれらは二代目からの乖離の強要もなく、中産階級として安全に継続して、より巧みにアメリカ社会に適合することとユダヤ人としての同一性の継続と先代達が創り出した社会構造の継承が目標となったわけである。

マージナル・マンとしてのユダヤ人

こうしてアメリカでのユダヤ人達は量的拡大を続ける一方で「決して完全に相互浸透し、融合しえない2つの文化、社会の限界に立つ、典型的な〝marginal man[16]〟」としての性格を保持することになる。移民は一般的には危機の時期が過度的なのに対しマージナル・マンの場合、恒久的とみられる。こうした性格をもつアメリカでのユダヤ人各世代の就業形態の特徴は、およそ次のように纏められよう。

(1) 初代（外国生まれ）には「所有主・経営者」が多く、「専門職」「販売員」「熟練労働者」が少なく、「事務職」はさらに少ない。これに対し、

(2) 二代目（アメリカ生まれ）には、「専門職」の割合が増え、「所有主・経営者」の割合が減るのだが、時が経つにつれてこの割合は逆転する。

(3) 三代目（両親がアメリカ生まれ）は二代目と同様な動きを示す。

こうしたアメリカのユダヤ人は社会的にみて単なる弱者というのではなく、ビジネスマンとしては、各産業部門（全てではないにしろ）の「限界就業者」[17]となっている。したがって、かれらは生存のために、大別して次の2つの途を歩まねばならなかった。

第1は既存産業部門内（非ユダヤ人の支配的な領域）で生きるか。また、ユダヤ人が支配的な領域でもその産業自体が大きくない場合、その狭い活動の場で生きるか。

第2は新しい産業部門を開発し、その企業で自らが支配的な位置に立つか。或いは個人的な能力が活かせる職種で安定した生活を掴むか。

いずれの途を歩むにしろ、そこには積極的に〝自己の仕事〟を育てていく活力が不可欠な条件であった。

成功への七つの「カギ」

こうしたかれらの生き方に注目するとき、スティーブン・シルバイガーの提起したユダヤ人の「成功への七つのカギ」[18]は理由のあることと言える。

① 本当の富は体について回るものだということを知れ。それは知識だ！

つまり、「あなたの未来を創り出す最高の投資は教育である」ということだ。「教育の修得は、後のより大きな報酬への満足を先送りする能力を求める。この能力追求のため、ユダヤ人は教育への着想を十分に信奉し、それを実行するかに腐心する」ということになる。

② 自分自身を大事にすること。その結果、他人はあなたを大事にするようになる！

「自らのコミュニティの繁栄を守り、高めるため、ユダヤ人への慈善と社会的行動に自らの富と時間を熱心に効果的に投ずる。」「経済力を組織化し、役立てるかれらの能力はアメリカでのユダヤ人コミュニティの力の源泉である。」「かれらの慈善活動はかれらの世界コミュニティを支えるだけでなく、個々のユダヤ人達の経済的つながりを助長する」というのだ。

③ 知的職業人と企業家になることが成功への最高の途だ！

「アメリカのユダヤ人は、より高度な教育を修め、その多くは自然に専門的な職業を捜し求める。その他多くの人々も起業家や所有主となっている。双方の途は平均所得以上の収入をもたらすとともに財産蓄積の大きな潜在力をもたらす」という。

④　言葉による信頼を開発せよ！

「ビジネスや他のどんな仕事でも成功するには、言葉による厚かましさが不可欠である。言葉による自信は、細かく語りかけ、主張し、尋ねかける能力である。……ビジネスにあっては、消極さは美徳ではない」からだと。

⑤　金は慎重に倹約し、使い道を選び積極的に使え！

「富を貯えることと保つこととは、別の話である。……富の蓄積のために、抜け目なく貯え方と使い方を学ばねばならない。ユダヤ人はどのように金を使うのか。ユダヤ人的な使い方の習慣は効果的な浪費と打算的な倹約の調和と言える。」

⑥　個性に誇りをもち、創造性を生め！

「個性と創造性は、ユダヤ人の不可欠な性質である。」

⑦　成功への活力は常に解決すべき問題をもつことにある！

「動機付けは良いアイデアを実在のものに変える捉えにくい性質をもつ。問題はユダヤ人を成功させるべく動機付けているものは何かということだ。ユダヤ人が各種の事業分野で頂点に達していても、なお西洋文明の部外者と考えられている。ユダヤ人は常に容認を得ようと試みると同時にその文化的固有性を得ようとする。これが多くの内部矛盾を惹き起こす。だが、それはまた成功への原動力ともなる。」

こうしたユダヤ人達の「成功へのカギ」が、かれらのビジネス行動の基底となることは言うまでもない。

II 流通・金融企業とユダヤ人

旧シアーズ本社、シアーズ・タワー（現ウィリス・タワー）—シカゴ

5 〝隙間〟に開拓した新ビジネス

ドイツ系ユダヤ移民と百貨店

ユダヤ人がアメリカで創設した著名企業は良く知られているのでここでのテーマに結び付く事例を確認しておこう。

まず、かつて、P・F・ドラッカーが「経済の暗黒大陸」[1]とまで言った流通業への参入が挙げられる。その出発点が百貨店の創設である。前出のメーシーズをはじめブルーミングデール、サックス・フィフスアベニュー、ニーマン・マーカスなど枚挙に暇なしというところ。これら百貨店の創設者達の生い立ちを簡単に追ってみよう。

ブルーミングデールの設立者、ライマン・ブルーミングデール（1841年生まれ）は、ドイツ移民の父の衣料品店で働き、商売を学び、弟と共にマンハッタンのイースト・サイドに女性向けの衣料雑貨店を開店。その後、かれらはパリに買い付け事務所を置き、幅広い欧州製品の輸入販売を進めた。その成功で1886年に3番街の59丁目に最初の店舗を開くことになる。

リックス・フィフスアベニューの設立者、アンドリュー・サックスもドイツ系ユダヤ人の家族のもとで、ボルチモアで誕生。行商人と新聞配達をしながら、ワシントンDCに紳士服店を開いた。１８６７年、衣料品一般を扱う事業を開始し、徐々に拡げながら、１９０２年、マンハッタンの５番街34丁目に店を持つことになった。

妹のキャリー・マーカス（１８８３年生まれ）と共にニーマン・マーカス社を創ったハーバード・マーカスにしても、ケンタッキー州、ルイスビルの綿のブローカーだったドイツ系移民の子として生まれた。高校中退後、種々な販売員、掃除夫をしながら苦しい生活を送っていた。その後、１９０２年、妹のキャリーとその夫、アブラハム・L・ニーマンと共にアトランタに移り、コカ・コーラ社の販売に従事し、カンサスでの販売領域の放棄と引き換えに２万５０００ドルを得た。これを資金にダラスでニーマン・マーカスを開設した。当初、かれらは洋服店や個人宅を訪問する婦人服の仕立てや高級既製婦人服の販売に専念した。やがて、テキサス州での綿や石油産業の成長により人口増加が生じ、小売商として大きく発展した。その結果、「ダラスでのユダヤ人の歴史で名士」(2)とさえ、言われるようになった。その後、妹の離婚によりH・マーカスはニーマンの所有株を購入し、ニーマン・マーカスは実質的にマーカス兄妹のものとなった。

こうした百貨店創設者達の共通点は、貧しいドイツ系移民の二世であり、学業に励むことなく、商人や下級作業員から身を起こし、衣料品の小売商からビジネスを拡大したことだった。

この後、百貨店は、取扱品の拡大や一層の高級品化を軸に都市部の中心街にショッピングの豪華さを求め、店舗の拡大やムードづくりを志向した。この結果、都市部の小売活動にまた〝隙間〟が形成された。日用品中心の廉価品の販売である。ここに発生した大量小売機構が、〝10セント・ショップ〟(3)と呼ばれるヴァラエティ・ストア（雑貨店）の誕生であった。ウールワース、W・T・グラント、J・J・ニューベリーなどがそれである。だが、これらの業態には、メソジスト教徒であるフランク・W・ウールワースをはじめ、ウイリアム・T・グラントやジョン・J・ニューベリーにしてもユダヤ人である確証は得られない。

だが、ユダヤ人達にとっての大きなビジネスの〝隙間〟は、都市部より、郊外・農村という地方部に開けていった。西部開拓による人口移動に加え、鉄道・通信事業の進展で、通信販売店という新しい業態が生み出されることになる。言うまでもなく、シアーズ・ローバック（1893年）の設立であった。（詳細は第7節参照）

被服産業にも大きな足跡を

ドイツ系ユダヤ移民達は、流通業だけでなく、製造業にも大きな足跡を残すことになる。ジーンズを開発したリーヴァイ・ストラウスは、1853年サンフランシスコに移り住み、雑貨店、生地商を営んでいた。ゴールドラッシュの最中、金の採鉱者達の衣服や他の縫製品への需要に注目し、荷馬車の幌を作るためのキャンパス帆布の販売を始め、売れ残りのテント用厚手の布地から作業用ズボンの作成を思いついた。当時、洋服店を営むジェイコブ・ディヴィスの考案したポケットに銅製の鋲を使用する方法でジーンズを完成したという。弟と共に１８７３年にリーヴァイ・ストラウス社を設立することになった。

こうした被服産業には多くのユダヤ人が参画するわけだが、これを支える機械であるミシンの製造が、ドイツ系ユダヤ人のアイザック・Ｍ・シンガーにより開始された。１８５１年に設立されたＩ・Ｍ・シンガー社は、後に典型的なグローバル企業として発展する。（詳細は第10節参照）

このような流通・製造部門でのユダヤ人達の成長を支え、自らも長足な発展を遂げた人達がいた。ドイツをはじめユダヤ系資本からの国際的資金調達により、西漸運動で発達する鉄道企業への投資を中心とする投資銀行の出現であった。（詳細は第6節参照）

東欧系ユダヤ移民と映画産業

東欧系ユダヤ移民の大きな開拓の途は、映画産業にあった。著名な映画企業はいずれも１９１０～20年代に集中して設立されている。

最古のパラマウント映画は１９１２年に設立された。創設者のアドルフ・ズーカーは、１８７３年ハンガリーに生まれ１８８９年に家族ともどもニューヨークに移住し、椅子の張替などの室内装飾品店で働くことになる。その後、毛皮加工業者の見習工になり、2年程経って毛皮の縫製契約作業員になり、販売も行った。19歳の時、デザイナーとして独立し、シカゴで毛皮商を始め、財を成していった。この資金をもとに従兄弟の劇場主、マクス・ゴールドスティンに融資したことから1903年、映画産業に参入、1912年には後にパラマウントと改称するフェーマス・プレーヤー・フィルム社を設立した。

同年にはユニバーサル映画が、続いてMGMの母体となったメトロ映画（1915年）、ゴールドウィン映画（1917年）、C・B・メイヤー映画（1918年）が立て続けに設立された。そして1923年には、ハリー、アルバート、サム、ジャックの4兄弟によるワーナー・ブラザースも設立された。

かれら4兄弟は、ポーランドからのユダヤ移民で19世紀末両親と共にドイツを経て、カナダに移住し、父の営む靴の修理店を手伝い、生活を続けた。彼ら家族は1883年にボルチモアに移住するが、生活苦のため父は再びカナダに戻り、猟師との毛皮と缶詰の交換という商売を始めた。2年間の厳しい生活の後、父はまたボルチモアに戻り、1896年には家族してオハイオ州のヤングスタウンに引越し、靴の修理店を続けた。長男のハリーは父の手伝いを続けた。

1899年、ハリーはヤングスタウンで弟のアルバートと自転車店を開業するが、うまく行かず、傍ら量販店の食肉のセールスマンになった。結局、１９０３年ハリーは自転車店を売却し、アルバートとサムの３人でペンシルバニア州のニューキャッスルにビルを買い、劇場を作った。これが当たり、１９０７年にはペンシルバニア州で15の劇場を持つに至る。かれらはここで新作上映会社を設立し、映画事業に参入することになる。当初、旧作・新作映画の交換会社を経営したが、ここで得られた事業をすべて売却し、映画製作会社カールレムリ社に参加し、映画の配給に携わった。やがて、１９１２年、ここでの利益をもとにレムリ社から独立し、かれら自身の映画製作会社を作り、努力の結果、１９１８年にはハリウッドの近くにスタジオを設置、スタジオだけのドラマ制作に専念、この成功を機に大きな融資が得られ、１９２３年４月ワーナー・ブラザースが設立される。

ハリウッドと化粧品企業

東欧系ユダヤ人達が築き上げた華やかな〝ピラミッド〟、ハリウッドでポーランド系ユダヤ人美容師、マックス・ファクターが化粧品・演劇用品店マックスファクターを設立したのは１９０９年のことだった。M・ファクター（１８７７年生まれ）は、渡米後、ハリウッド映画の黎明期に美容アドバイザーとして活躍し、自ら創り出したマスカラーやリップブラシなどメークアップ製品は映画スターに愛用された。同社は１９９１年にP&Gによって買収されている。

ヘレナ・ルビンスタイン社も1914年ニューヨークで美容室を開いたハンガリー系ユダヤ人、ヘレナ・ルビンスタイン（1870年生まれ）が、1917年から化粧品の製造・卸売の開始により設立された。また、レブロンにしても、その創立者の一人チャールス・レブソンは、父がロシア系、母がハンガリー系ユダヤ人の両親のもとで1906年、ボストンで誕生。大恐慌の最中1932年マニキュアだけをニューヨークの美容室や百貨店へ販売することから始め、数年後、香水や口紅など化粧品全般を扱う企業に成長した。

この3社は、1960年代には海外10数カ国に進出拠点をもつグローバル企業となった。こうした多数の東欧系ユダヤ人達は、自ら新しいビジネスを創り出していった。

マスコミ事業とユダヤ人

この時期におけるかれらの創業の場は、新聞・雑誌・ラジオ等のマスコミ事業にもみられた。ロシアからの移民の子であったデービッド・サーノフが、全米ネットのラジオ放送NBCを1924年に設立したのをはじめ、ウクライナ出身のウィリアム・ペイリーによるCBSも1927年に誕生している。

新聞も1851年に創刊された「ニューヨーク・タイムズ」は1896年にドイツ系ユダヤ人、アドルフ・オックスによって買収され、その娘婿のアーサー・ザルツバーガーによって継承されている。その他、1877年創刊の「ワシントン・ポスト」もマクリーン家の破産後、ハンガリー系ユダヤ人一族、ヨセフ・ピュリッツアー、ユージン・メイヤー（1875年〜1959年）とその娘キャサリン・グラハムが所有主となった。また、1889年に創刊されたウォール・ストリート・ジャーナルの所有主だったウォーレン・フィリップスもユダヤ人だった。

新聞だけでなく、雑誌もユダヤ人の創設によるものは数多い。「タイム」（1923年）、「フォーチュン」（1930年）「ライフ」（1936年）、の各誌を刊行し、「一代でアメリカの雑誌ジャーナリズムを築いた男[4]」と言われるヘンリー・ルースは中国生まれのユダヤ人だった。特に「タイム」は世界初のニュース雑誌として知られ、1989年にワーナー・ブラザースを合併し、現在のタイム・ワーナー社として世界総合のメディア企業となっていった。

こうしたかれらのマス・メディアでの活動は、第二次大戦後の情報・通信産業に繋がることになる。

6　ユダヤ人は悪徳高利貸し？

「ユダヤ人というのは経済界からはじき出されて、金貸業などからはじめて金融のスペシャリストになったわけだ。だから、それが産業を支配するということではなく、産業がそのスペシャリストを使ったという感じだ。金融といってもいろいろあって、主としてユダヤが活躍しているのは、アメリカでは、インベスト・バンカーだし、イギリスではマーチャント・バンカーであって、経済界をおさえているような金融とはちょっと違う。(5)」

これは40年程前、まだ、日本では「ユダヤ人は悪徳高利貸し」とか「ユダヤ資本が世界を支配」といった誤った認識が存在した時代にこの誤解を解くための研究プロジェクト・チームが行った討論会での故山崎清氏（当時、三菱経済研究所顧問、後の杏林大学教授）の発言の一部である。この指摘にみるように、ユダヤ人の金融業は、産業企業と銀行の融合によるコンツェルンの形成で企業集中を進め、経済体制を支配する金融資本でないこと、そしてアメリカでは投資銀行であって一般的な市中銀行ではないこと示している。

投資銀行として成長

ユダヤ人がアメリカで設立した投資銀行としては、まずゴールドマン・サックスが挙げられる。同社は２０１３年にはフォーチュン誌ランクで世界２７０位に達し、４０８億７４００万ドルの収益を上げ従業員数約３万３０００人を擁する巨大企業に成長している。創設者マーカス・ゴールドマンは、教師から家畜業者となったドイツ系ユダヤ人の家庭で１８２１年に誕生する。１８４８年にアメリカへ移住し、荷馬車での行商人から出発し、小売店を開く。後に借用証書の仲買人に転じ、独力で商業手形の売買により年商５００万ドルの取引を行うようになった。引き続き鉄道債券の取引を通じ、６００万ドル（２０１３年時の価値に換算すると１億ドル強）の運転資金を持つに至った。１８６８年に娘の夫、サミュエル・サックスと共にゴールドマン・サックスを設立するわけである。

２００７年、住宅ローン危機問題に端を発したアメリカのバブル崩壊を動機に多くの分野で資産価格の暴落が起こり、２００８年９月に破綻したリーマン・ブラザーズもこの投資銀行の一つである。同社発行の社債や投信を保有する企業への影響、取引先への波及が引き金となり、〝リーマン・ショック〟と呼ばれる世界的な金融危機を惹き起こすほどに巨大な成長を遂げた。同社もゴールドマン・サックスと似たような生い立ちであった。

創設者の一人、ヘンリー・リーマンは１８２２年ドイツの小さな家畜商の家庭で生まれ、１８４４年アメリカに移住し、アラバマ州モンゴメリーで乾物店を開業、１８５０年に弟エマニュエルも移住した。この頃、綿がアメリカ南部では最重要な収穫物で、世界中に高価格で売られるようになっていたためリーマン兄弟は綿の卸売商を始めた。

１８５５年、ヘンリーの死去後、エマニュエルともう一人の弟、メイヤーがこの商売を引き継いだ。そして１８７０年には綿花取引所が開設され、エマニュエルは取締役を１８８４年まで務めていくうちに、鉄道建設債券市場に参入し、１８８７年には証券取引所の会員となった。前出のゴールドマン・サックスとも提携し、金融業に本格的な転身を行った。

「物言う株主」

この種の投資銀行は、この2例にとどまらずソロモン・ブラザーズをはじめ、現在、数多くのユダヤ人が投資会社なり、個人投資家として活躍している。第Ⅳ章で挙げる「現在の有力なユダヤ系アメリカ人実業家」38名中投資家・投資銀行家は12名に達している。（92ページ表7参照）

こうした投資家達は、２０１３年以降特に目立った動きを示している「物言う株主」(6)を生み出している。ＩＴ企業にみる、カール・アイカーンによるデル社のＭＢＯを巡る買収提案やアップル株の保有数の買い増しなどはこの例と言える。Ｃ・アイカーンは、ユダヤ教のカントール（朗詠者）である父と教師の母の間に１９３６年ニューヨーク市で生まれた。プリンストン大学で哲学を学び、卒業後さらにニューヨーク大学で医学を学んだが、兵役のため中退。１９６１年になってウォール街で株式仲買人として出発し、１９６８年株式・商品市場で高リスクの投機事業を行うアイカーン社を設立した。数々の取引を通じ２０１４年３月には24億５０００万ドルの純資産を得たという。

商業銀行になれなかった理由

こうした金融業に大きな活躍の場をもったユダヤ人達が、一般的な市中銀行に参入し得なかったのはなぜか。当然、顧客対象が一般住民の場合、少数派であるユダヤ人のこの分野への参入は困難なことだったと言える。

世界１６０カ国以上に進出し、約2億の顧客口座をもち、個人向け銀行業務、クレジットカード、投資銀行、証券など幅広い金融商品・サービスを展開しているシティ・バンクが２０１４年10月には日本を含む世界11か国の個人向け業務の撤退を正式に決定した、という事態にもこの難しさは映し出されている。

このシティ・バンクの前身、シティバンク・オブ・ニューヨークは１８１２年に設立され、初代頭取となったサミュエル・オズグッドは、英国系移民の家庭に１７４８年に生まれ、キリスト教徒としてハーバード大学で神学を学び、卒業後、商人になり、兵役を経て政界に入った。１７８４年にマサチューセッツ州下院議員となり、１７９１年には初代郵政長官となっていた。

また、バンク・オブ・アメリカと共にアメリカでの3メガバンクとみられるＪＰモルガン・チェースの前身、ニューヨーク・バンクも１７８４年にニューヨーク市での最初の商業銀行としてアレクサンダー・ハミルトンにより創設された。かれは、１７５５年、キリスト教徒の家庭に英領インド諸島で生まれ、１７７２年に渡米し、コロンビア大学に学び、やがて、ジョージ・ワシントンの主席スタッフとして、国立銀行の設営や連邦政府の資金調達等を担当した。

このように、商業銀行は、すでにキリスト教系の人々によって創り出されており、ユダヤ人が参入できる〝隙間〟は無かったわけである。

7　印刷された94セントの小切手

ページ下の94セントの小切手は、現在のシアーズ社の前身、シアーズ・ローバック社が２０００年に全廃した通信販売を行っていた頃に振り出されたものである。この金額が発行時に記入されたものではなく、印刷されたものであることに注目したい。

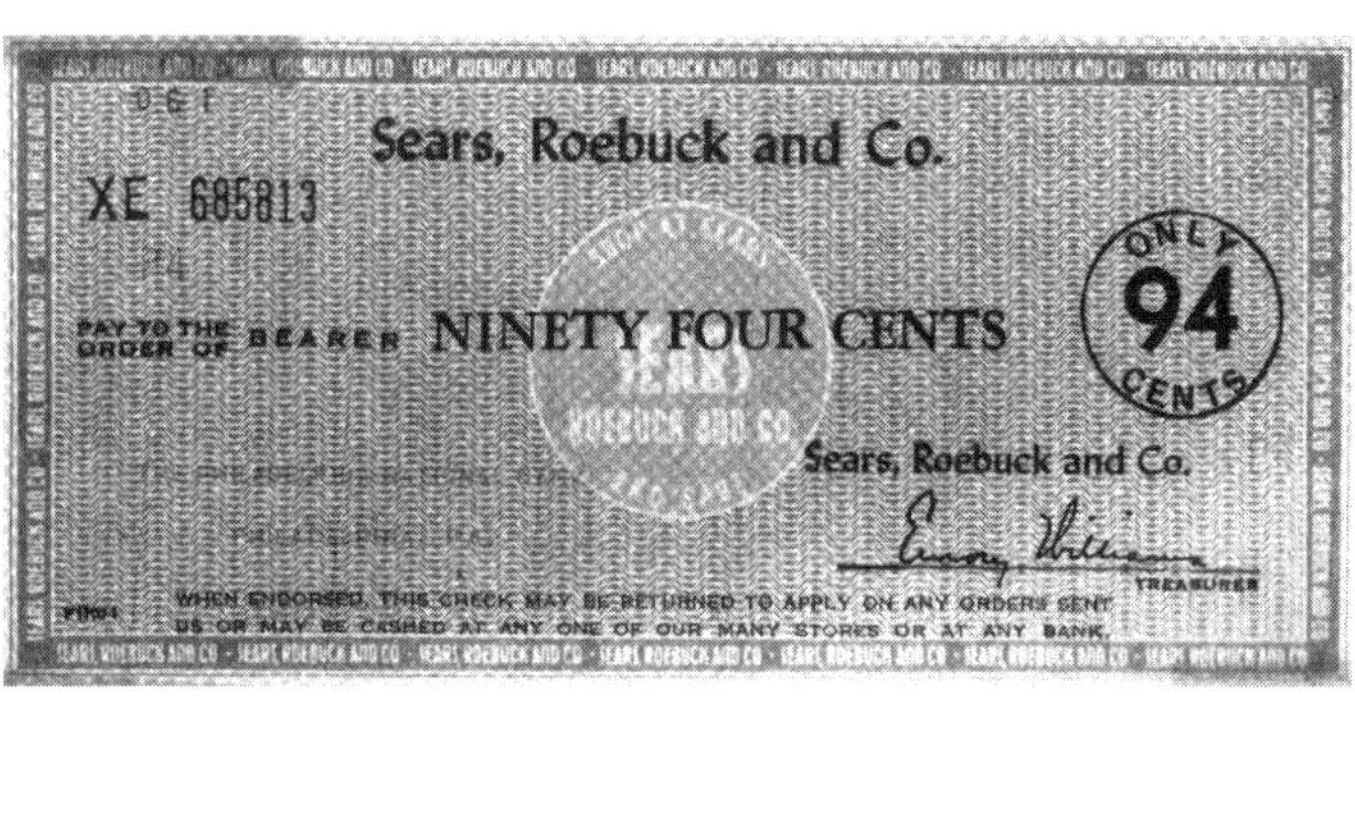

通信販売から流通業界の支配者へ

かつてのシアーズ・ローバック社の通信販売は、昔の電話帳のような大部のカタログ（1900年代後半の掲載品目約17万種類）から必要品目をその商品番号で店舗内のカタログ・コーナーもしくは電話、郵便で顧客が注文する仕組みになっていた。したがって、もし、注文品の在庫が無かったり、価格が改定されている場合、払い込まれた代金の全部もしくは一部を顧客に返すことになる。それには何ドル何セントという端数の金額を必要とした。この小切手は、約一世紀に亘って全盛を極めた通信販売店という大量小売機構の一端を示している。

第5節でみたようにドイツ系ユダヤ人が創り出した百貨店により都市部の小売商の〝隙間〟が無くなっていた当時、西漸運動の発展で地方部に多くの人々が移り住むようになった。しかし、交通手段が鉄道や馬車しか無かったため、住民は時間をかけて都市まで出掛けるか、現地の個人商店や行商人から商品を買うしかなかった。だが、輸送・通信制度の発達は、流通事業に大きな〝隙間〟を生み出した。言うまでもなく、地方の多くの人々にカタログを郵送し、その注文を一括して仕入れ、安価に提供するという通信販売であった。その一つが、リチャード・W・シアーズとアルバ・C・ローバックによって1893年シカゴに設立されたシアーズ・ローバック社であった。

だが、不況時にあった当時、多くの商品が売れ残り、ローバックも健康を害して退職。R・

W・シアーズは同社の共同経営者としてアーロン・ナスバウムとその義兄弟のジュリアス・ローゼンウォルドに出資を求め、ローバックの持株を7万5000ドルでこの二人に売ることになった。そしてJ・ローゼンウォルドはシアーズと共に経営に参加し、衣料雑貨、耐久消費財、薬品、金物、家具などに品揃えを拡大し、年商5000万ドルに引き上げたと言われる。両者は一層の事業拡大を目指し、1906年に株式公開に踏み切った。この時ローゼンウォルドは、新規株式の公開をゴールドマン・サックスに働き掛けたという。1908年にシアーズも健康上の理由で辞職後、ローゼンウォルドは、1932年まで24年間最高経営者として活躍することになる。

J・ローゼンウォルドと10の重大決定

J・ローゼンウォルドは、1862年、イリノイ州のスプリングフィールドでドイツ系移民の洋服仕立屋の家庭に生まれた。16歳までニューヨークで洋服商を営む叔父の処で徒弟として働いた。その後、弟と共に洋服の製造業を始めるが1885年に倒産、兄弟してシカゴに移住し、従兄弟の協力を得て再び既製服製造の会社を起し、1891年に競争相手の洋服屋の娘と結婚する。当時、鉄道員から腕時計の販売商になったシアーズと同じく時計屋だったローバックが、前出のシアーズ・ローバックを設立しており、ローゼンウォルドは同社への男性用衣料品のサプライヤーとなった。これがかれとシアーズ・ローバックとの繋がりの端緒だった。

同社の経営に携わるようになったかれは、社長就任後、小売店と多角化を軸に同社の発展に尽力した。同社はその後、郊外デパートとして大幅な成長をみせ、第二次世界大戦後、ショッピング・センターのコア店舗として全米の都市に出店し、１９８０年代初頭まで全米第1位の小売業者としてＧＭＳ（生活必需品を扱う大衆向け大規模総合小売業）に変貌していった。

同社の発展は、ローゼンウォルドとその後継者によって１９２０年代中頃から60年代の初頭にかけて行われた次にみる10の意思決定により進められたものと言えよう。

① １９２０年代中頃に農民が車で町へ買い物に出掛けるようになると、他の通信販売店に先駆けて小売店を開設した。

② 仕入れ、販売促進、広告の管理をシカゴ本社に集中化する一方、店舗営業は地域事業本部の管理下においた。

③ 独自の仕様により、メーカーに商品を作らせ、商品コスト、品質、数量の管理を徹底した。

ここまでは第二次大戦前までに行われ。以下は戦後の決定となる。

④ 人口の東部から西部への移動、都市から郊外への移動に先立ち、早い時期に一等地を確保し、新店舗の開設を行った。

⑤　50年代中頃に小売店の取扱品目を従来の工具類、釣り道具類中心から衣料品を含む全商品を扱う百貨店に転換した。
⑥　60年代に入って商品のスタイルとファッションに重点を置くようにし、企業イメージの近代化を図った。
⑦　耐久消費財の販売促進のため、それ自体の採算を軽視して、サービス機関の設置を行った。
⑧　事業多角化を目指し、保険その他の金融事業に参入した。
⑨　納品メーカーへの投資を行った。
⑩　大規模な社員訓練計画に基づき、社内昇進制、利益分配制を敷くなど、上級社員育成のために巨額な投資を推進した。

無論、「これらの決定は必ずしもすぐに明確にされたわけではない。明確になるまで数年の日時を要した決定もあるし、他の決定から自然に出てきたように思われる決定もある。だが、こうした決定の累積により、シアーズ社の異常な推進力が創り出された」(7)は事実と言えよう。

ユダヤ人的発想とＧＭＳの経営原則

ＧＭＳをはじめとする大量小売機構の経営原則として一般的に認められているこれらの意思

決定を、その執行者のローゼンウォルドがユダヤ人であるからと言って、その全てを即ユダヤ人的発想と決めつけることはできない。だが、注意深くこれら10の意思決定を見つめるとき、その根底に流れるユダヤ人的発想を見出すことになる。

第１に事業多角化での⑧保険会社、小売信用会社、貯蓄貸付組合、自動車金融会社を所有する動きにみられるように、自分の資本をいつでも動かせる状態に保っていること。

第２に、①④⑤にみるように通信販売から店舗販売へのシフト、さらには百貨店化へと情勢の変化を先取りしつつ、常に新しいビジネスのチャンス（＝〝隙間〟）を掴むように努力すること。

第３に、そのための試みを行い、開拓への努力に全力を尽くすこと。これは②③⑥⑦⑨⑩の諸決定にみられるように、事業活動を長期的な見通し立って創意、工夫する仕方に現れている。

これらのビジネス行動は、将来がどうなるかは現在の刻一刻をどう過ごすかによって決まるといういわば「苦境下の経営哲学」[8]によって支えられていると言える。

１９２０年代以降、アメリカに出現した大量小売機構には、このほかスーパーマーケットをみるわけだが、Ａ＆Ｐのジョージ・ギルマンやクローガーのバーナード・クローガーにしてもユダヤ人ではなかった。アメリカでのユダヤ人が再び流通業界で大きな動きを示すのは、１９５０年代に入って日本でも「流通革命」の用語で喧伝された総合小売業、ディスカウント・ストアの出現を待たねばならなかった。

8 “Every Day Low Price!!”

西友店のポスターでよく見かけた言葉だ。アメリカだけでなく日本を含む世界15カ国に進出している世界最大の大量小売機構、ウォルマートの販売戦略の標語である。[9] 同社の戦略は「無在庫経営を生かしたもの」とも言われる。もとより、同社の発展はこの戦略だけに拠るものではないのだが、この戦略がアメリカでのＧＭＳの本質を象徴していることに間違いない。

流通革命とＧＭＳ

このＧＭＳが発生した１９５０年代という時代は、第二次世界大戦後、軍需用技術の民需品への転用により、生産能力が急激に拡大し、各メーカーは自らの大量生産品の販売のため市場全体の把握と対応の必要からマネジリアル・マーケティングを成立させることになる。この大量生産を消費に結びつけるため、小売業者側も旧来のメーカー―卸売―小売店というルートに変容をもたらした。また、インフラ整備とりわけハイ・ウエイの建設による自動車産業の長足な成長は消費者生活に大きな変化を与えた。

こうした急速な経済発展のなかでＧＭＳは生まれるわけだが、日本でも１９５０年代後半から60年代にかけて「流通革命」(10)という用語で呼ばれる流通システムの変化につき多くの話題を生み出した。つまり、食料品・繊維製品・台所用品・化粧品・医薬品などの小売市場にスーパーマーケットのような大型店舗が出現し、豊富な品揃えと大幅な値引き、ＰＢの導入等の販売を行う大型量販店の出現は従来の流通経路に「革命」的な変化を与えることになったというわけである。

ウォルマートの原型──Ｅ・Ｊ・コーベッツ

こうした大量小売機構の頂点に立つＧＭＳを創設したサム・ウォルトンはユダヤ人でなかったものの、このＧＭＳの原型となったディスカウント・ストアはユダヤ人のものであった。すなわち、デパートに挑戦して１９４８年、ユダヤ人ユージン・ファーカフによってニューヨークに設立されたＥ・Ｊ・コーベッツである。

Ｓ・ウォルトンはＥ・ファーカフの「知識を奪取するため、ニューヨークにやって来た」(11)と言われる。そして2年後、ウォルトンは62年にスーパーマーケットを中心とするディスカウント・ストアを開設したわけである。

ＧＭＳの原型を生み出したＥ・ファーカフは、１９５０年代に入り道路整備の進展で自動車による「郊外への人々の移住に注目し、ますます巨大化し、自立化し、利便性に富み、余分なサービスをしないヴァラエティ・ストアがアメリカでの商業の中心になると考えた。[12]」そして、かれは低価格で速い回転率の大量販売を行うディスカウント百貨店チェーンの構想を創り上げた。このファーカフのモデルは、マンハッタン5番街を含む多数の店舗に具現化され、ウォルマートをはじめ多くの追従者を生んだ。

E・ファーカフは、1920年、マンハッタンのロアーイースト・サイドで生まれ、ブルックリン区に住み、高校卒業後、ニューヨーク市立大学に入学するが、1942年陸軍入隊、除隊後、父の鞄店で働いた。しかし、かれは父の後を継ぐことなく、友人と共に東46丁目のビルの2階部屋を借り37平方メートルの小さなディスカウント百貨店を開いた。そして、通常価格の3分の1程の値引き価格で、著名ブランドの鞄類、家庭用品や若干の宝石類の販売を始めた。かれの販売哲学は「もし彼が冷蔵庫1台につき1ドルしか利益が出なくてもいい。100万台売れれば、100万ドルの利益が出るのだから[13]」というわけだ。

ショッピング・センターと大量小売機構

かれらはその後間もなく五つの店舗をもち、大きな成功を収めた。1954年、ニューヨークのロングアイランドに広い駐車場をもった巨大な店舗を開設し、その年のクリスマスには200万ドルの売り上げを得たという。

Ｅ・Ｊ・コーベッツの急速な伸長の背景には、いくつの革新的な試みがあった。その主な一つが従来の百貨店には見られなかった「会員カード」の発行であり、他の一つが遊歩道型巨大ショッピング・センターの建設とそのコア店舗の出店だった。その出発点が前出の衣料品を中心とした８４００平方メートルに及ぶロングアイランド店であった。１９５６年に入ってフィラデルフィア、ハリスバーグでの店を含む６店舗を、そしてピークには１９６２年、話題となった5番街店（下の写真）を含め58店に及んだ。取扱品目もスーパーマーケットの取扱品、薬局、ペットショップ、タイヤセンターにまで拡大した。

だが、百貨店としての取扱品目（例えば、家庭用品、衣料品）の不手際やホームエンターテ

イメント事業への拡大の失敗から、１９８０年、破産することになる。ファーカフは、95の百貨店と60のスーパーマーケットをもつに至った１９６６年、Ｅ・Ｊ・コーベッツにかれの持株を２０００万ドルで売り退役、80年代の初めにその資産の多くをユダヤ人の慈善事業に寄付し、２０１１年他界した。

ＧＭＳといった大量小売機構への参入は、店舗設営や買い付けのためのメーカーとの交渉面で巨額な資本投資を必要とするため、多くのユダヤ人にとってビジネスの〝隙間〟とはならなかった。しかし、１９５０年代のアメリカには、多くの家庭用品市場が新しく形成され、多くの資本を必要としない参入の〝隙間〟ができていった。その一つが安い外国品の輸入・卸売であった。

9 〝MADE IN JAPAN〟で稼ぐ

１９５０年代に入ると、日本の光学機器、電子機器、家庭用機器、バイク、自動車は、アメリカを中心に数多く輸出されるようになった。当時の日本企業の輸出活動は、一部の電子機器、バイク、自動車等の巨大企業の場合、現地販売会社を通じて自らの販売経路設営に踏み切れたものの、数多くの中小企業の場合、日本の国内商社を通ずるか、現地バイヤーへの直売であった。この現地（＝アメリカ）バイヤーの多くがユダヤ人によって占められていた。

〝MADE IN JAPAN〟の花形・家庭用ミシンのバイヤー達

当時、花型輸出品であったカメラ、トランジスター・ラジオ、家庭用ミシン等の軽機械品の数多くのメーカーは、かれらバイヤー達の〝買い叩き〟と共に業界内の過度の企業間競争によって不安定な取引を繰り返していた。この取引安定化のため通商産業省は、各業界団体を通じ数量・価格・経路の規制を行っていた。その結果、例えば、ミシン業界の対米向け輸出は、１９６０年代から70年代にかけて次の16の現地業者だけを通ずる販売経路が構築されていた。

(1)　モダーン・ソーイング・マシン（ヴァリアストリーム、Ｎ・Ｙ）
(2)　モース・エレクトロ・プロダクツ（オゾンパーク、Ｎ・Ｙ）
(3)　ネルコ（ニューヨーク、Ｎ・Ｙ）
(4)　トランス・ワールド・インダストリー（ウエスト・ニューヨーク、Ｎ・Ｊ）
(5)　ウェスタン・アライド・インポーティング（セントルイス、ＭＯ）
(6)　スタンダード・ソーイング・エクイップメント（ニューヨーク、Ｎ・Ｙ）
(7)　ホワイト・ソーイング・マシン（クリーブランド、ＯＨＩＯ）
(8)　コンチネンタル・セールス（ニューヨーク、Ｎ・Ｙ）

(9) アレイ・インターナショナル（デンバー、COLO）
(10) ブリュワー・ソーイング・マシン・サプライ（ニューヨーク、N・Y）
(11) シアーズ・ローバック（シカゴ、ILL）
(12) モンゴメリー・ワード（シカゴ、ILL）
(13) ブラザー・インターナショナル（ニューヨーク、N・Y）
(14) リッカー・アメリカ（カールスタット、N・J）
(15) ニューホーム［蛇の目］（サンタモニカ、CALIF）
(16) シンガー（ニューヨーク、N・Y）

以上、(1)〜(10)までの各社のうち(7)のホワイト社を除き、ユダヤ人の輸入卸商である。ちなみに、(11)(12)は大量小売機構、(13)(14)(15)が日本企業の現地販売会社、(16)が現地メーカーとなる。前述のように、シアーズもシンガーもドイツ系ユダヤ移民によって経営されており、ブラザーの場合も現地重役は全てユダヤ人であった。このように、家庭用ミシンの輸入販売は、ユダヤ人達の大きな稼ぎ場となった。

ユダヤ人輸入商のプロフィール

こうして日本のミシンはアメリカではその大部分が「精力的なユダヤ系商人の手によってさ

ばかれ」(14)ていた。当時のかれらのビジネス行動に接近するため、1960年代末の状況に戻ってかれらの横顔を追ってみよう。

まず、モース・エレクトロ・プロダクト社（資本金７７３万ドル、年間売上高３１３１万ドル、従業員５００名）社長のフィリップ・S・モースは、１９２０年生まれ、１９４１年に移住し、ハートフォードのアレン・アプライアンス社、ニューヨークのエキスパート・ソーイング・マシン社などを転々として１９４７年にモース・ディストリビューティング社を設立し、日本からのミシンの輸入販売を開始した。そしてミシン中心の商売からラジオ・ステレオなどの音響機器をも手掛けるようになり、70年時のミシンの売上高は10％にしか達しなかったという。

次にネルコ社（資本金不明、年間売上高５００万ドル、従業員40名）社長のレオン・ジョルスンは、１９１３年生まれ、ポーランドでミシンの製造工場をもっていたが、ナチスから逃れるためアメリカに移住し、１９４７年、ニューヨークにジョルスン・ソーイングマシン社を設立した。当初、イタリアのネッキ社製品を一手に販売していたが、日本品の流入でイタリア製品の販売が困難になるとみるや、ミシンの卸売商だったベンジャミン・クリシロフと共に別会社ネルコを設立し、日本品の輸入を開始した。

最後に、モダーン・ソーイング・マシン社（資本金・年間売上高不明、従業員11名）社長のサミュエル・エプステインは、１９２３年アメリカで生まれ、１９３９〜44年までニューヨークのフェデラル・ソーイング・マシン社で働き、１９５２年にイリノイで親類の者二人とこの会社を設立した。

小さなビジネスも大きなチャンスに

これら３名の社長たちの経験には次の３つの共通点が見られる。

○欧州からの移民にしろ、米国生まれにしろ、会社を作って事業活動を始めたのは、１９４０年代後半から50年代に入ってからのこと。

○Ｌ・ジョルスンを除き、ミシン販売の経験はあったが、製造の経験はないこと。

○ミシン中心のディストリビューターとしては、極めて小規模な業者で日本品の輸入販売で産を成したこと。

これらは、まさにかれらのビジネスが〝隙間〟を開拓する事業活動であった姿を示している。かつて「ユダヤ人にとってビジネスと専門職業は、〝小さな事業〟であり、〝自由職業〟を意味する」と言われた。「この種の暮らし方は会社勤めと比べ、より冒険的であるが、一方では大きなチャンスをつかむ生き方と言える。戦後は小ビジネスを進める者にチャンスを与えた。」だが、「ユダヤ人に対してお仕事は、と問えば、かれらは〝紡績関係ですとか、プラスチック関係です〃と答えるのに対して、ユダヤ人でない人は、〃GEやユニオンカーバイトで働いています〃と答える」という。「巨大会社にユダヤ人がいないということは、部分的にはかれらの選択の結果であると言えるが、大部分はユダヤ人への差別待遇の産物である」[15]とも言われた。

しかしながら、以上にみてきた流通業界での〃隙間〃で巨大企業を創り出し自らその支配者になり得たアメリカのユダヤ人は数多くいたわけだし、製造業界においても見ることができる。次にその一端を見ていこう。

Ⅲ　製造業とユダヤ人

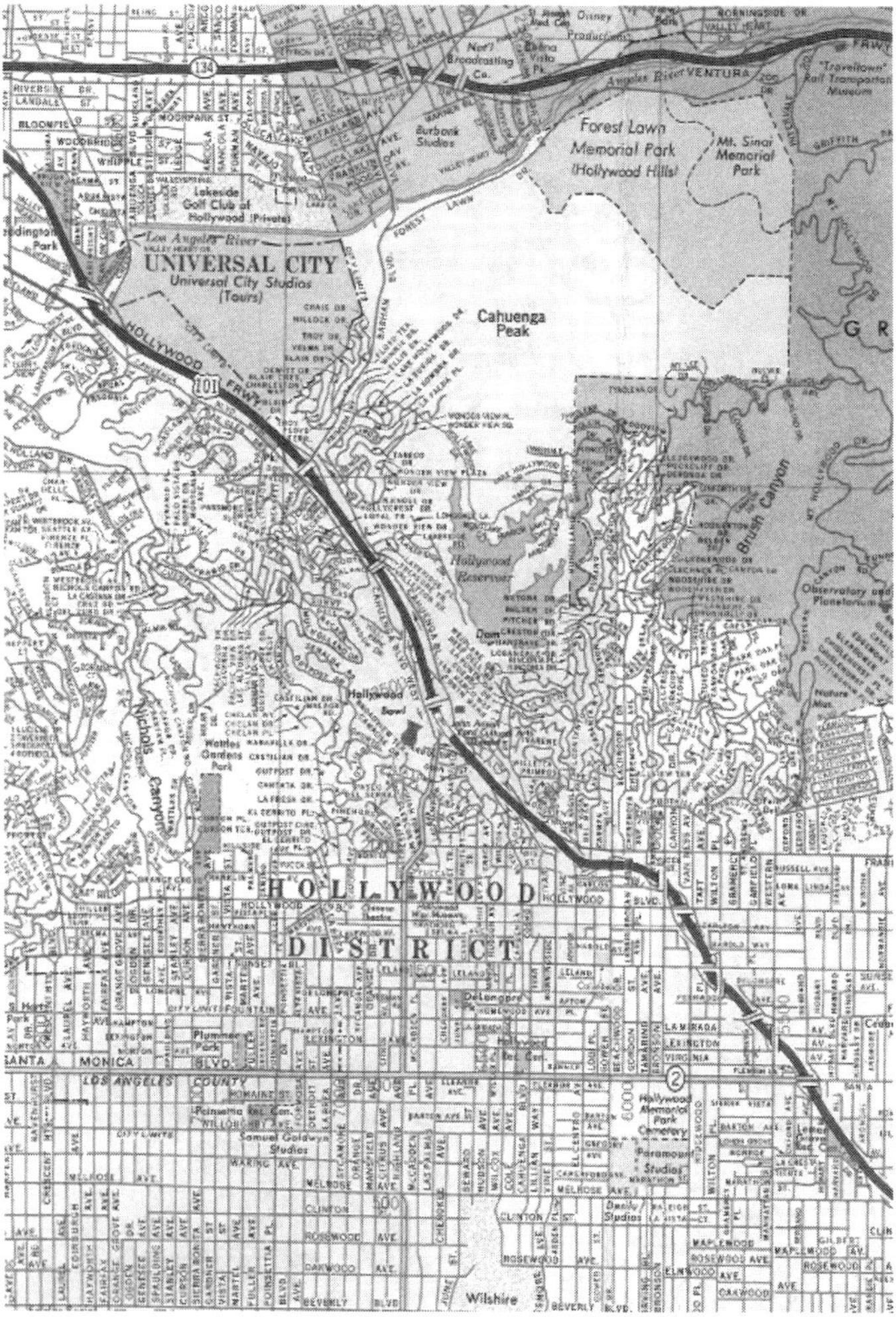

映画産業の中心地・ハリウッド—ロサンゼルス

10　グローバル化のトップ・ランナー――シンガー社

「味の素」が人工調味料、「宅急便」が宅配便、古くは自動炊飯器の「電気釜」のように、有名ブランドが普通名詞として使われる例は多い。昔はミシンが「シンガー」と言われていたほど、シンガー社のミシンは、第二次大戦後、日本製品との競合が始まるまで世界市場を席捲していた。

ドイツ系ユダヤ人による創設

シンガー社は、アイザック・メリット・シンガーによって１８５１年に設立された。かれはニューヨーク州中東部のピッツタウンに裕福なドイツ系ユダヤ移民の家庭で生れた。兄の機械工場で働き、１８３０年結婚後、ニューヨーク・オトセコ郡で村の機械工場に就職し、１８３９年には岩盤掘削機械の発明を試みた。そして１８４４年にはピッツバーグに移り、木型や金属を彫刻する機械を開発し、１８９４年に特許を取得する。翌年、ボストンの機械工場で働く傍ら、この彫刻機械の組立てに専念したが、成果は上がらなかった。だが、この機械工場でミシンの組立作業に従事し、既存ミシンを改良し、１８５１年に作った試作品で特許を取得。既存ミシンの特許所有者との法的係争を経て、同年Ｉ・Ｍ・シンガー社を設立し、ミシンの大量生産に着手することになる。

１８５６年にはニューヨーク市内に工場を構え、１万３０００台を製造したという。当初、主に仕立屋向けの業務用ミシンから出発し、家庭用の小型ミシンの製造販売へと事業を拡げていった。そして１８６５年、ニューヨークでシンガー製造会社（Singer Manufacturing Co.）を設立、ここでＩ・Ｍ・シンガーは、経営から退き大株主として理事会に参画する。

同社はアメリカ国内だけでなく、英国をはじめ欧州諸国への輸出販売を開始し、１８６７年には英国に２つの組立工場を作った。１８８０年代にはロンドンとハンブルグの販売会社が欧州諸国をはじめ豪州、アジア、アフリカ、南米までに販売網を拡大し、世界市場への販売活動を展開した。同時に１８８２年には、英国工場を拡大し、世界最大のミシン工場とするほか、カナダやオーストリアにも工場を設置した。

この工場設営の目的は、生産費の引き下げ、運送費の節減にあり、国内生産より30％低い生産を可能にしたと言われる。その結果、１８８０年代の終わりから90年代の初めにかけて、世界販売高は１００万台を超えるに至った。国内を含む販売活動を統括する販売子会社、シンガー・ミシン社（Singer Sewing Machine Co.）が１９０４年に設立された。

グローバル化への基礎づくり

こうして1905年，英国生まれの五代目社長，ダグラス・アレクサンダーが44年の長きに亘り，同社の発展を導く基本政策を打ち出すことになる。かつてフォーチュン誌は，かれの業績として次の5点を挙げた。(1)

① 国内競合企業であったホイーラー・アンド・ウィルソン社の買収

② 世界市場の70%を占める販売網の形成

③ 未開拓市場だったロシアへの大量売り込み

④ 政策的・広報的な意味を持つシンガー・ビル（当時としては41階の世界最高層）の建設

⑤ 含み資産の極大化を目指す財務処理の推進

こうした事業経過を経て，1958年，第七代社長に就任したドナルド・P・カーチャーが同社の事業活動に大きな質的変化をもたらす経営戦略を採ることになる。これがグローバル化への途であった。これを可能にしたものは，同社のもつ次の四つの主体的条件にあった。

(1) 1957年時の内外販売会社数9912（内海外7804），工場数24（内海外17）で構築された全世界的な生産・マーケティングの機構が出来上がっていたこと。

(2) 「必要とあれば思い切って費用を使うのは，シンガーの特長であり，底力」(2) となる資産の流動性＝運用資金の豊富さにより，対抗機種の開発，企業買収，海外拠点設営の資金調達を容易にすること。

(3)　日本品との競合の中でミシン単品企業として生きる困難さを経営幹部が認識し、大幅な外延的・内延的多角化戦略を採用したこと。

(4)　全重役10名中カーチャー社長を含む４名が50歳以下の若手で占められ、経営組織改革を柔軟に行ったこと。

グローバル企業としての仕組み

こうしてシンガー社は、グローバル化と多産業化という経営戦略推進の中に自らの生存の途を見い出すことになる。この動きを示す証が、１９６３年９月に行われた「シンガー製造会社」が販売子会社だったシンガー・ミシン社を一体化し、シンガー社（The Singer Co.）に改組されたことだった。［図１参照］

これにより従来シンガー・ミシン社傘下の２つの国内販売事業部（産業財・消費財）と５つの海外販売事業部（極東・欧州・アフリカ中東・カナダ・ラ米）を本社の直轄下に置く組織（グローバル型混合組織）に変えることで海外と国内市場を一体化した市場として掌握される仕組みが出来上がることになる。国内企業からグローバル企業への変質であった。［図２参照］

シンガー社の場合、１９０４年に設立されたシンガー・ミシン社は国内・海外の販売子会社

図１　The Singer Company の組織図（1963年時）

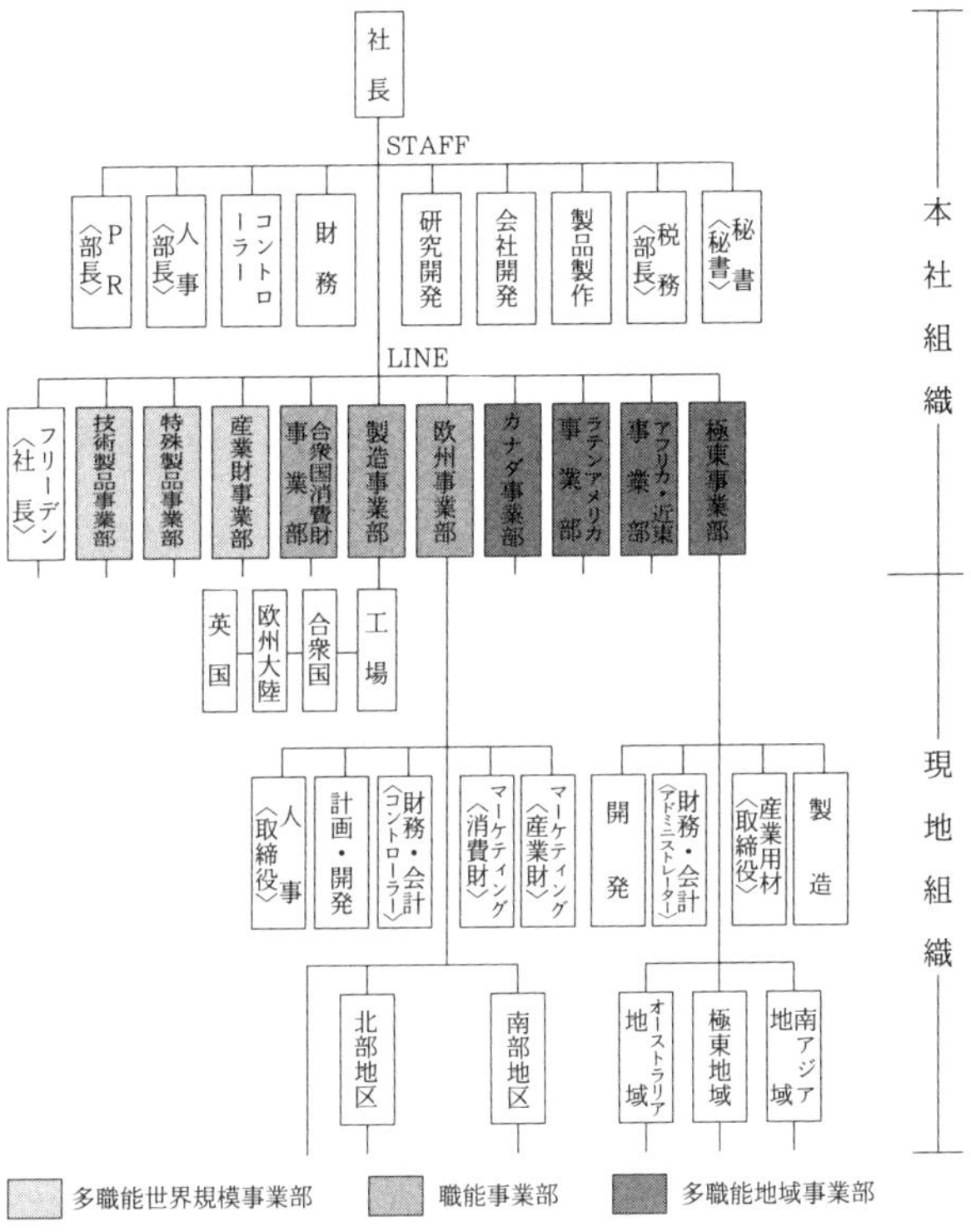

注：本社組織内断りのないかぎり担当責任者は副社長である。
　　現地組織内断りのないかぎり担当責任者は副社長補である。

出所：*Annual Report*, 1963: Business International, *Organizing for Worldwide Operation*, New York, 1965, pp.20～25: NICB, *Organization Structures of International Comanies*, New York, 1965, p.125, p.127,: NICB, *The Changing Role of the International Executive*, New York, 1966, pp.244～246. 上記資料いずれも1963年９月現在の状況を示すものではないが、*Annual Report* および ICH9G250R BP 780R1, pp.30～31を参照、検討すると何れも共通するものと判明した。

図2　1958年～63年に至る本社組織の変化

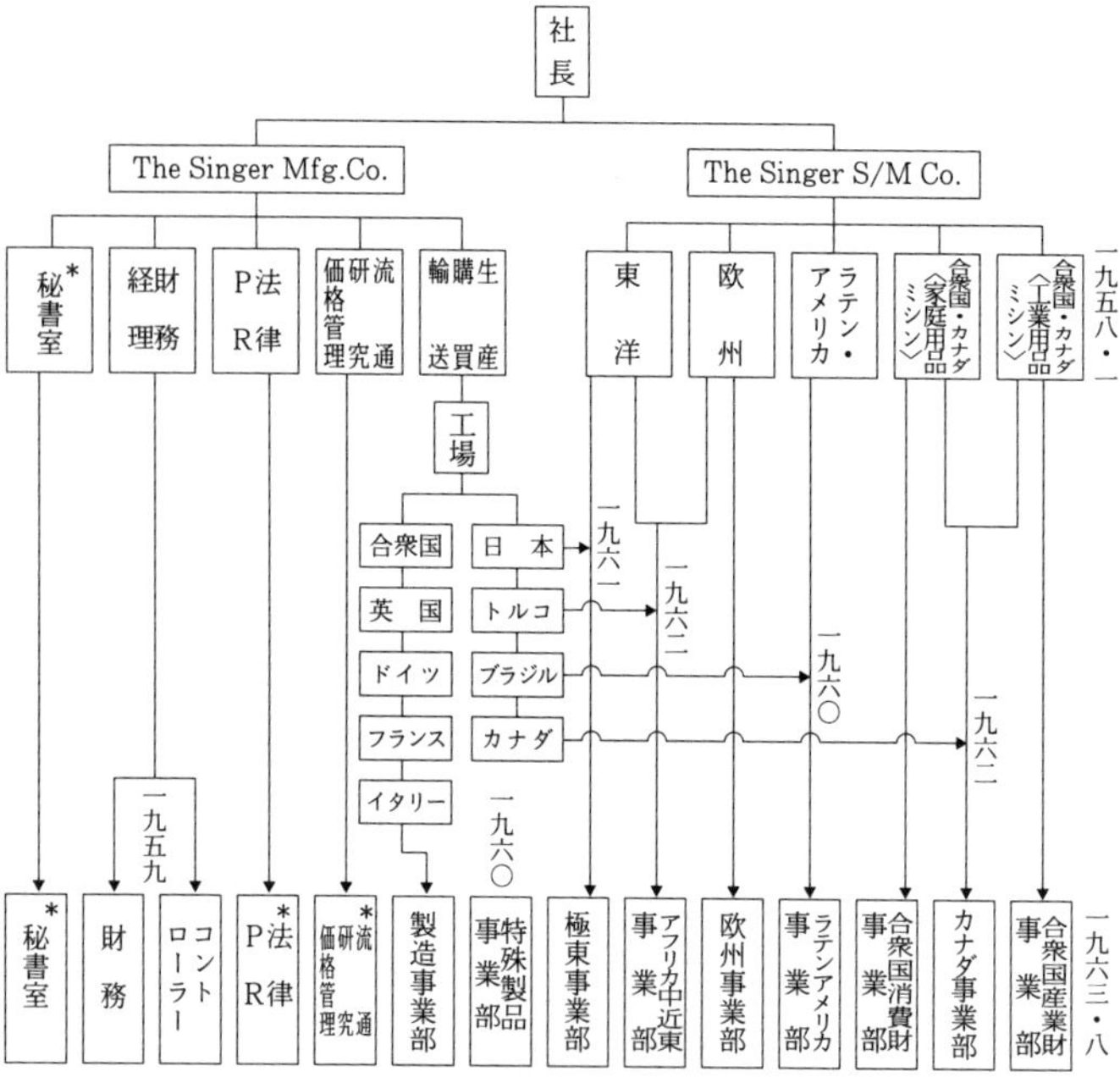

注：1959年・1963年時とも＊印以外は副社長担当。

出所：ICH 9G249 BP779: *Annual Report*, 1959, 1961, 1962, 1963.

であって国際事業会社ではなかった。それが１９６０～62年の間にラ米・極東・アフリカ・中近東・カナダなどでの事業活動を中心とする国際事業活動の管理会社に変質していた。したがって、１９６３年時のシンガー社への改組は、ジョン・M・ストップフォードの言う「多製品・他職能分権的組織」における「国際事業部」から「全世界的組織」への発展であったわけである。[3] このケースは一人のユダヤ系アメリカ人が機械工から出発し、種々な機械を発明する中から産業用・家庭用ミシンの王国を築き、グローバル企業として大きく羽ばたく姿を示している。しかし、イタリア・ドイツ・スイス等との競争に加え日本品のアメリカ市場参入による激しい価格競争により敗退することになる。

11　〃狭き門〃を叩いたユダヤ人達

企業がグローバル化を進めるためには、次の３つの企業行動を採り得る戦略と組織が必要となる。

その１、複数の海外諸国に工場なり、その他の事業所をもっていること。

その２、経営者が常にグローバルな視野に立って事業活動の意思決定をすること。

その３、国内外の個々の事業所の利益を損ねても企業グループ全体としての利益が最高になるような仕組みができていること。

グローバル企業の誕生

こうした動きを企業外部の者が静止した形でとらえること、つまり特定の企業が国内企業からグローバル企業に変わったのはいつのことか、ということを知るのはかなりは難しい。海外への事業進出は国内企業でも出来ることだし、内外事業所の利益を意識的に調節して、企業全体の利益が最大になるような戦略・管理活動の動きを掌握することは社内であっても特定の人にしか出来ることではない。ましてや企業トップの考え方の変化を知ることは不可能に近い。とするならば、企業外部の者がグローバル企業の誕生を知るためには、ある程度の時間的偏差はあるにしろ組織構造の変化に注目することとしかないとも言える。

本来、企業は自らの生存のため極力リスクを避け、安全に儲かる途を歩むものである。そのためには、既に自らが築いた市場での活動を優先し、未知で危険を伴う市場開発を避けることになる。その意味で海外事業は、国内市場だけではやっていけない、または、海外の特定国に進出した方がリスクはあっても得になるという十分な確信から出発することになる。ところが、国内外での競争激化等で生存のためには海外に進出せざるを得なくなると、全事業の中で海外事業への依存度の比は急速に拡大することになる。その結果、海外事業は国内事業を捕捉する役割から国内事業と相互補完性をもつ位置にまで成長する。これが企業のグローバル化への第一歩となる。さらに海外市場への依存度が高まると、国内外市場への経営戦略・組織の区別立てを失う方向を志向する。そこで、企業は市場への戦略・管理を一体化させ、市場のグローバル化への対応を促進する。

こうした動向を捉える指標として、名称は企業により異なるにしろ、事業部なり別会社として海外事業を一括して掌握する組織の誕生が目安となる。

この視点から前項でみたシンガー社のケースを含め、アメリカでの国内企業からグローバル企業への転化をみると、1950年代から60年代前半にかけて生じている。［表6参照］

就業のチャンス―グローバル化

企業のグローバル化は、非ユダヤ人の支配的な活動の場であった自動車・電機・化学・鉄鋼等の既存の基幹産業部門の企業を中心に進展した。しかし、ここにもユダヤ人達が参入する〝隙間〟が存在した。例えば、1980年代に入ってコルゲート社の会長となったルーベン・マークやクライスラー社の副会長、ジェラルド・グリーンワルド等は、この狭き〝隙間〟に入り込んだユダヤ人成功者であった。

R・マークの場合、ハーバード大学でMBAを取得した後、1965年コルゲート社に就

表6　米国多国籍企業の国際事業部・国際事業会社設置の動向

設置年次	企業名	国際事業組織の名称
1944	NCR	Overseas Operations Div.
1949	IBM	IBM World Trade Corp.
	ウェスチングハウス	WH Electric Int'l Co.
1952	ユニオン・カーバイト	Union Carbide Int'l Co.
1953	メルク	Int'l Div.
1954	バロウズ	Int'l Div.
1956	キャタピラー	Caterpillar Foreign Trade Group
	ゼネラル・フッズ	Int'l Div.
1957	P&G	Overseas Operations Div.
	アナコンダ	Latin American Affairs Div.
	ベンディックス	Int'l Operations Div.
1958	デュポン	Int'l Dept.
	フォード	Ford Int'l Group
	GM	Overseas Canadian Group
1959	コーニング	Corning Glass Int'l SA.
	GE	Int'l Group
1960	イーストマン・コダック	Int'l Div.
1961	クライスラー	Int'l Operations Div.
1962	テキサス・インスツルメンツ	Int'l Div.
1963	ポラロイド	Foreign Operations Div.
	シンガー	The Singer Co.*

注：＊＝The Singer Mfg. Co. と販売子会社であった The Singer Sewing Machine Co. を吸収し、一体化したもの。この詳細は68ページ掲載の図２を参照。

職、終生同社で過ごした。かれは1972年にベネズエラ支社長、74年に極東支部副社長に就任後、国内事業担当責任者を経て1983年に社長、翌年には会長の座に就いた。

G・グリーンワルドもプリンストン大学卒業後、フォードに就職、外国支社で実力を発揮し、1970年に41歳でベネズエラ支社長となった。1978年、当時社長だったリー・アイアコッカの解任によるクライスラー社長への転任に伴い、グリーンワルドも共に同社に移籍、79年副社長、81年副会長になった。

両者とも外国子会社で活動し、その地位を得たわけである。かつてチャールズ・E・シルバーマンはこの点を偶然なものではないとし、次のように指摘した。

「かれらはそれぞれコルゲート社とクライスラー社が他の多数の会社と同じく、国内企業から多国籍企業へと転換する時期に就職した。ある意味で外国での操業は新しい産業であり、その経営は新しい職業といえる。またユダヤ人が国内操業より、外国操業の方に受け入れられやすかったということもありうるだろう。」（傍点引用者）そしてフォードに就職したグリーンワルドは、「フォードのような大自動車会社では本社から遠く離れるほど個人の責任が重くなりますから[4]」と発言している。

グローバル企業の出発時点での外国市場は未開拓で、リスキーな分野として誰もが担当したがらない事業領域であったのだろう。かれらはそこに〝隙間〟を見付け自らの「腕」を発揮し、企業内での出世の途を歩んだに違いない。

“アメリカ化”の中で

１９７４年１月、デュポン社の会長に就任したアービン・Ｓ・シャピロも既存基幹産業企業で成功した数少ないユダヤ人の１人だった。１９１６年リトアニア系ユダヤ移民の子としてミネソタ州・ミネアポリスで生まれた。クリーニングと仕立屋を営んでいた父が病に臥せると10代で店を継ぎ、苦しい生活の中でミネソタ法律大学を卒業し、弁護士として独立するが、仕事に恵まれなかった。だが、偶然、デュポン社に雇われる好機を得て入社、「ただちに典型的なユダヤ人の役割をあてがわれた」という。「それはデュポン社の弁護士たちとトップ・マネジメントとの取り継ぎ役であった。(5)」トップはシャピロの能力を認め、重用するようになった。まさに「米国社会のなかで着実に根をおろしている様子を示している。」しかし「白人アングロ・サクソン系プロテスタント教徒が主流を占める米国社会では、あくまで多数の白人キリスト教徒に能力を認められた者でなければ、少数派出身の者が登用されることはない」とまで言われた。したがって、こうした少数派にみるビジネス成功の秘訣は「ＮＣＲ、ＩＢＭ、ＧＭ等のトップ・マネジメントが採った戦略と基本的に同じであり、ユダヤ人ならではの特筆すべき経営思想をもっていたわけではなかった(6)」とも指摘される。

ここに、ユダヤ人達のアメリカ経済社会に同化し、生きていく姿をみる。すなわち、既存基幹産業企業が、全般的にユダヤ人には閉ざされる一方「ユダヤ人も反ユダヤ感情を引き起こすのを恐れて、主流派ともろに力を競いたがらなかった。その結果、ユダヤ人は伝統的に、新産業や職に引きつけられていった。彼らは機会さえあれば、それを手に入れるよりなかったし、彼らの住む社会では、たいてい主流ではなく、周辺的な存在だったから、新しい機会に目をつけ、それを利用することにユダヤ人はとりわけ技量を発揮するようになった。[7]」

その意味でアメリカのユダヤ人達の成功は、常に〝隙間〟の中に自らのビジネスを創り出す企業にその多くをみるわけである。

12　次世代ＤＶＤ国際標準獲得競争の終結

既存基幹産業企業への就職で成功への途を歩んだのは、米国企業だけでなく、外国企業の在米子会社にも見られた。

ソニー会長とタイム・ワーナーＣＥＯの交渉

「アメリカ・メディア事業で驚愕の成功を示したユダヤ人[8]」、ハワード・ストリンガーもその一人である。ジャーナリスト出身者が巨大企業の最高経営責任者に就任した例は世界的に珍しいと言われる。かれは１９４２年に英国で生まれ、オックスフォード大学を卒業後、１９６５年２月にアメリカに移住、４月にユダヤ人の創ったＣＢＳに入社するが、生活苦から軍事特別手当が支給される軍隊に入隊、ベトナム戦争に従事、帰国後ＣＢＳに復帰、ジャーナリスト、テレビ制作者として30年以上の経験を積むことになる。やがて１９８８年、ＣＢＳ社長に就任、そして１９９５年退任を機に、ＴＥＬＥテレビ社のＣＥＯに転任するが、１９９７年５月には出井伸之に見出され、ソニー・コーポレーション・オブ・アメリカの社長に就任、翌年には同法人の会長兼ＣＥＯとなった。さらに、１９９９年にはソニー本社の経営陣に入り、２００３年にはＣＯＯ（最高執行責任者）、２００５年、ＣＥＯとなった。

当時、２００２年初めより始まった東芝やＮＥＣを主軸とするＨＤとソニー、パナソニック等のＢＤとの間で次世代ＤＶＤ規格の業界標準獲得競争が展開された。この競争は、周知のように、製品開発・販売による市場確保、技術開発・製造工程改善によるコスト引き下げに加え、ソフト市場としての米国映画企業との連携確保という形で進められた。そして、２００８年2月19日、ＨＤ側の中核であった東芝（他２６２社）のＨＤ規格による関連機器生産の停止により、ソニー（他72社）のＢＤ側の勝利で終結する。

この終結には、米国映画企業との連携という点でＨ・ストリンガーは大きな役割を演じたものと考えられる。それにはワーナー社の戦略転換を促した同社ＣＥＯジェフリー・ビューケスとの交渉が挙げられる。

ハリウッドのＢＤへのシフト

東芝の西田厚聡社長は、ＨＤ事業撤退に際し、「理由は一つ。寝耳に水に近いワーナー・ブラザースの方針転換だ。これで米国の小売業者も反応した。技術などの自信に変わりはないが、ワーナーなき後を考えると、事業を継続しても消費者に迷惑がかかるしＢＤに勝ち目もないと判断した(9)」との見解を表明した。

この発言だけでなく、競争終結にワーナー社の戦略転換を大きな要因とみる向きは多い。「規格争いを一気に決着に向かわせたのは再生機の急速な価格下落と米ハリウッドの決断だった。(10)」また、「今回の予想以上に早い統一劇にハリウッド（米国映画産業）の意志が大きく働いていたことは確かだろう。…略…年明けからのワーナー・ブラザースによるＢＤ支持などの動向をみていると、そうした明確な意思が感じられるのである。(11)」

米国映画企業のＢＤへのシフトは、映画大手６社の映画関連売上高に占めるＤＶＤへの依存度の高まりやＢＤプレーヤーの急速な伸長という背景はあったものの、ワーナー・ブラザースの親会社、タイム・ワーナー社と東芝の密接な協力関係（タイム社への東芝による５・６％出資を含め）に準拠した「ハードは東芝、ソフトはタイム・ワーナーという二人三脚でホームシアター構想の実現を目指す[12]」戦略の変更には大きな決断を必要としたはずだ。

J・ビューケスの意思決定

この意思決定にあたり、「(2008年）1月4日、米国映画大手ワーナー・ブラザースによる『ブルーレイディスク（BD)』規格支持にすぐさまエールを送った人物がいた」というのだ。親会社タイム・ワーナーのCEO、ジェフリー・ビューケスだ。1月に就任したばかりの彼こそ、「ワーナーを東芝のHD　DVDからBDに乗り換えさせた張本人[13]」と言われる。

かれは、1952年ニュージャージー生まれのユダヤ人で、スタンフォード大学大学院でMBAを取得後、シティ・バンクに入社、その後タイム社傘下のCATV、HBO（Home Box Office）に転職、1995年に同社会長になる。そして2002年タイム・ワーナー社に移り、05年には同社社長（COO）としてHBO、CNN、ワーナー・ブラザースを統括し、2008年1月、CEOとなったばかりだった。この就任後、BDの単独支持表明は4日後の5日であり、H・ストリンガーによる『米国家電見本市（CES)』でのBD勝利の発表はさらに2日後の7日であるから、1週間以内に両者間の意思は決定されたわけだ。

J・ビューケスは、CEO就任後ただちに「タイム・ワーナーの株価がDVD販売の低迷で昨年1年間で27％も下落した要因は新世代ＤＶＤの規格争いにあるとみて方針転換を決めた[14]」とも言われる。いずれにしろ、タイム・ワーナー社に22年間在籍し、特に２００２年以降娯楽・ネットワーク・グループの担当責任者としてワーナー・ブラザースの事業内容は熟知しており、ＢＤ支持が利益取得の上で合理的であるという認識は十分もっていたと思われる。

このワーナー社側の決断を促した直接要因としてハリウッドに豊富な人脈をもつと見られるＨ・ストリンガーによる折衝があった。ソニーのＨＢＯへの映画ライセンスの独占提供や通信販売でのＣＤの直接販売による対等なパートナーシップを背景に、かれが「大手スタジオと電話一本で話せる関係からハリウッドが動くすべを熟知しており、今回のワーナー囲い込みも『会長がトップ・セールスで口説き落とした』（ＢＤ陣営幹部）と見る向きが多い[15]」とまで言われる。

かれらの意思決定から東芝のＨＤ生産の全面停止表明（2月19日）まで約1カ月半で6年間に亘る次世代ＤＶＤ標準獲得競争は終止符を打つことになる。［この間の主な出来事は巻末付表を参照］

こうした状況下、もし前出の東芝・西田社長の発言通りであるとすれば、

①　何ら事前通告なしに、ワーナー社はＨＤからＢＤへの乗り換えを行ったこと　また、

②　ソニーがストリンガー会長の人的つながりを活用してワーナー社に働き掛けたこと

という2点に、アメリカのユダヤ人がもつビジネス行動を知る一つのカギが潜んでいるとみられる。

13　「Blue Day」――〝ブルーレイ勝利の日〟か〝憂鬱な日〟か

前項でみたJ・ビューケスとH・ストリンガーの交渉には、アメリカのユダヤ人のもつビジネス特性として次の3点が浮かび上がってくるのではなかろうか。

その1・強い人的つながり

まずは巨大化した企業でも「組織の中の個人」が強く現れていることだ。つまり交渉相手への信頼をもとにストリンガーが人的つながりを活用しワーナーに働き掛けたことである。もとより部外者にとってストリンガー個人の信頼度を知るすべはない。しかし、ソニー創業者の一人、盛田昭夫が自分自身を〝日系ユダヤ人〟と称し、「ユダヤ人は聡明で想像力に富み、気性と世界観が日本人に非常によく似ている」とし、「ユダヤ人はアメリカのビジネス・カルチャーの中で日本人と同じくらい『別の社会にいる』ことを実感していた。」そして「盛田はできるだけユダヤ人を雇うように幹部に指示し、」「それから10年間でエドワード・ロッシーニ、アーネスト・シュワルツェンバック、ハーベイ・シャイン、ロン・ゾマー、ウォルター・イエトニコフ、マイケル・シェルホフ等がソニーの幹部を務めた。[16]」このような背景はストリンガーの交渉を有利にしたと想像される。つまり、ユダヤ人のもつ内部結束性の強さに基く「人的つながり」の活用と言える。

その2・速い決断力と機動力

次は速やかな決断力・機動力である。これはかれらの小回りのきくビジネスに長けている事業取引に現れている。ストリンガーとビューケスとの交渉が具体的にいつなされたかは明らかでないものの、前項でみたように、ビューケスのCEO就任が1月1日であれば、3日後にBD単独支持声明は出されたわけだし、ストリンガーもその2日後の米国家電見本市で「ワーナーの単独採用でソフト数の拡大はさらに加速するだろう[17]」とし、「今日はブルー（一色）の日になった[18]」との勝利発言をしたことになる。ただ、かれがこの発言につき、「ブルー」を「憂鬱」でもあるとし、複雑な思いでいた点に留意すべきである。

それは、かれがCESで「ワーナー首脳と並んで記者会見し、『BD勝利』を世界に印象付けようとしたもくろみがワーナー側の都合で実現しなかった[19]」ことだ。広報活動の視点から見れば、かなり効果的と見られるCESでの共同表明への不参加というワーナー側の「都合」とは何だったのか。これも部外者にとって具体的には分からないことだ。しかし、次にみるユダヤ人のビジネス特性と無縁では無さそうに思える。

その3・優れた評価力

最後が事業機会への評価力の優秀性である。これは取引の上で「市場機会の掌握に貪欲である」[20]という特性となって現れる。このため新事業の開発や既存事業の拡大・転換のための合併・買収・提携や売却・清算・解消等は速やかに進められる。2006年、ビューケスはCWネットワーク形成のためCBSとの合弁事業を行うほか、07年にはアトランタ・ブレーブスをリバティメディアに売却している。その意味で、90年代前半現行DVDでソニーとの激しい規格競争で共に闘い勝利した東芝との『盟友』関係といえども、HD側中核企業との連携は「回避できた損失」となり、BD側中核企業ソニーと組まないで、「得られる利益を失う」ことの前には、当然解消されねばならなかった。

この属性は、自分（自社）の「やるべきこと」と「やらざるべきこと」を厳密に区別する傾向を生む。したがって、ビューケスが前出CESでストリンガーの所信表明に同席しなかった「都合」の中身は、その時点で東芝（HD）側を必要以上に刺激し、先行きの取引に不利な影響を与えたくないという考え方にあったのかもしれない。

この光ディスクからネット事業へと新しい産業部門の〝隙間〟に、「知力こそが最高の商品」(21)とするユダヤ人達は、ハードとソフトの両面でＩＴ産業における企業の創設と開発という新しい開拓の場を創り出していった。

Ⅳ　ＩＴ（情報技術）企業とユダヤ人

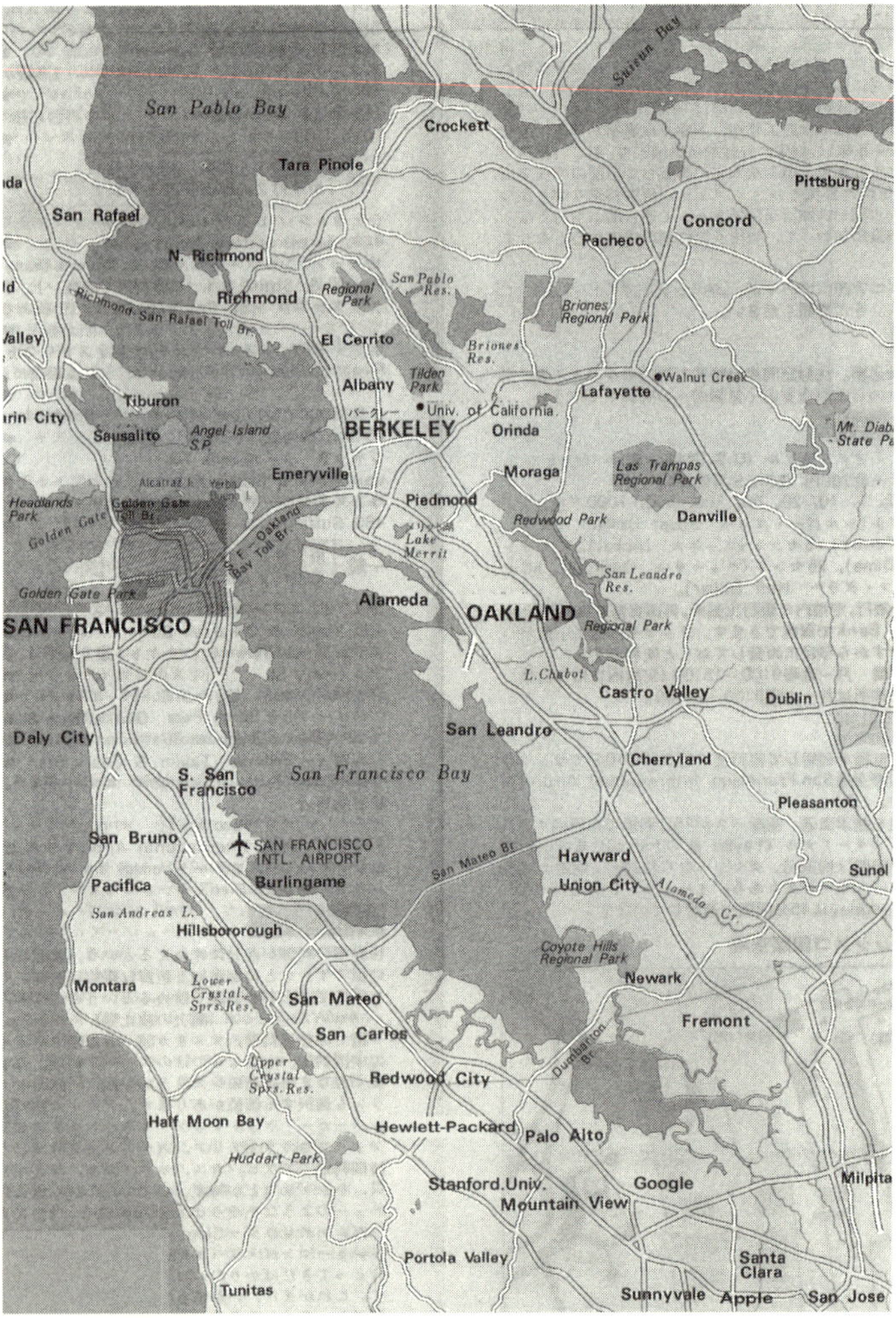

ＩＴ企業のメッカ・シリコンバレー―サンタクララバレーと周辺地域

14　ユダヤ人の築き上げた巨大なピラミッド

デル・コンパック・クアラコム・オラクル

米国ＩＴ産業の一角を形づくる巨大コンピューター・メーカー、デル・コンピュータ社の創設者、マイケル・デルは、第1節でみたように東欧系のユダヤ人だった。２００３年にデル社に改称後、２０１３年には全世界で10万人を超える従業員を擁する巨大企業に成長した。

このデル社の最大のライバルであるコンピューター・メーカー、コンパック社の設立に資金提供し、１９８３年から２０００年の退任まで会長を務めたベンジャミン・Ｍ・ローゼンもユダヤ人だった。父は歯科医だったが、かれはカリフォルニア工科大学に入学した。そして、スタンフォード大学とコロンビア大学からＭＢＡを修得。その後、20年間、証券取引業に専念し、モルガンの上級テクノロジー・アナリストと副社長を経て、１９８１年ベンチャーキャピタル会社、セビンローゼン社を創立し、コンパック社への資金提供を行ったわけである。このコンパック社は、２０１０年、ヒューレット・パッカード社により買収され、消滅する。

通信機器、半導体開発等を事業とし、次世代携帯電話の世界標準となったＣＤＭＡを取得した企業、クアラコム社もユダヤ人によって１９８５年に創設された。創設者の１人、アーウィン・Ｍ・ジェーコブスは１９３３年にマサチューセッツ州で生まれ、コーネル大学で電気工学を研究し卒業後、ＭＩＴ大学大学院から電気工学とコンピュータ科学に関する研究で学位を取得する。そして１９６６年から１９７７年までカリフォルニア大学の准教授として電気工学を講ずるかたわら、１９６８年、衛星暗号化の開発により軍需品製造のベンチャー・ビジネス、リンカビット社をイタリア移民のアンドリュー・ビタビらと設立する。１９８０年にＭ／アコムと合併後、ハーベイ・ホワイトらとクアラコム社を設立することになる。

コンピュータ用ソフト開発・製造企業、オラクル社を１９７７年に設立したラリー・エリソンもユダヤ人だった。１９４４年、東欧系ユダヤ人の母のもとで生まれるが、生活の貧しさから養子に出され、ロシア系ユダヤ人で公務員の養父に育てられる。彼は、イリノイ大学に学ぶが、養母の死後、退学する。再び実家に戻り、シカゴ大学に学ぶが、３カ月で退学し、カリフォルニアに移住、この頃コンピュータに興味をもち、アンペックス社に入社する。ここでかれの担当したプロジェクトにＣＩＡ向けのデータベースがあり、それを「オラクル」と名付けた。そして１９７７年、自己資金１４００ドルを元手にオラクル社を設立することになる。

同社はデータベース管理システムを中心とした企業向けソフトウェアの開発・販売でソフトウェア市場での勢力を高め、２００７年にはマイクロソフト、ＩＢＭに次ぐ第３位のソフトウェア会社となった。特に２０００年代に入ってピープルソフト、シーベル、ハイプリオン・

ソリューション等への買収活動を積極化し、ついに２０１０年には、ハードウェア・メーカーのサン・マイクロシステムズをも買収した。その結果、２０１３年時には「フォーチュン・ランク」の３０６位にまで成長し、年間収益３７１億８０００万ドルに達し、従業員数12万人超えるに至った。エリソン自身、フォーブス誌の世界長者番付では世界5位、米国では、ビル・ゲイツ、ウォーレン・バフェットに次いで3位となっている。

上記４社は、いずれも１９７０年代後半から80年代前半に設立された。消滅したコンパック社を除き、２０１３年時の年間収益額は２５０億ドルから５５０億ドルに達しており、従業員数でも10万人を超える規模となり、全世界的な事業展開を示している。また、創設者はいずれも高度な教育を受けている。まさに、「ビジネスが結局のところ『知力』で競う合う場である(1)」というかれらの考え方が勝利への途を歩ませることとなった。

グーグル・インテル

第二次大戦後、ロシア、ハンガリー等の東欧系ユダヤ人を中心とするアメリカ移民第５の波と先住ユダヤ人の第二・三世達が、情報技術産業を創出し、グローバルな事業とする中でグーグルとインテル両社の果した役割は大きい。

グーグル社創設者の一人、セルゲイ・ブリンは、１９７９年、家族でアメリカに移住、幼少時からコンピュータに興味をもち、１９９０年メリーランド大学でコンピュータ科学と数学を専攻、修士課程終了後、スタンフォード大学の博士課程に入学、在学中ラリー・ペイジと知り合うわけである。そして第１節でみたように二人は「膨大なデータの集合から関連した情報を検索するシステムを作る」[2]ことに興味を持ち、休学し、１９９８年にグーグル社を創設することとなる。

『僕の起業は亡命から始まった』[3]—２００１年にインテル社ＣＥＯ、アンディ・グローブによって書かれた著作の邦訳書の題名である。かれはハンガリー系ユダヤ人の中産階級の家庭に生まれるが、ハンガリー動乱（〝１９５６年革命〟）の最中、家族を残し、友人数名とオーストリアに脱出、その後、１９５７年、アメリカに移住、親類に身を寄せニューヨーク市立大学で化学工学を学び、60年に卒業後、カリフォルニア大学から科学工学の博士号を取得した。１９６３年、フェアチャイルド・セミコンダクター社に入社するが、５年後、ロバート・ノイスとゴードン・ムーアが設立したインテル社に３番目の社員として入社し、１９８７年には社長兼ＣＥＯ、98年、会長兼ＣＥＯとなる。Ａ・グローブは、社員として入社するも「インテルはノイス、ムーア、後に入社した他の誰でもなくアンディ・グローブの会社」[4]と評される。

以上にみたＳ・ブリン、Ａ・グローブもデルらと同様に高度の教育を受け、「知力」の修得に努力している姿をみる。

ゲイツもジョブスもユダヤ人?!

ＩＴ企業の頂点に立つマイクロソフトやアップルの創設者、最高経営者であったビル・ゲイツ、スティーブ・ジョブスもユダヤ人とする指摘［表7参照］もみられるが、決定的な証拠は不明だ。しかし、マイクロソフトの場合、ゲイツの「右腕として活躍した」Ｓ・バルマーは「技術者肌であるゲイツに対して経営のアドバイザー的な役割を果たし、マイクロソフトを大企業に仕立て上げた立役者である」(5)し、アップルにしてもユダヤ人が経営幹部に登用されている。ジョブスがアップルに復帰した後、１９９９年取締役に就任したミラード・ドレクスラーが挙げられる。

企業としてのビジネス行動を知る上で、個人がユダヤ人であるかどうかの確認は問題とならない。特にＩＴ産業の場合、ユダヤ人経営者が圧倒的に多いため、産業部門内での各企業の動きには、ユダヤ人的な特性の発現は明確にみられる筈である。

15 「組織の中の個人」の力―アップル

２０１１年８月、スティーブ・ジョブスのアップルＣＥＯ辞任、そして10月死去に伴い、既

表７　有力なユダヤ系アメリカ事業家一覧

Rupert Murdoch	ニューズ社の CEO、21世紀フォックスの会長・CEO
Steve Jobs	アップル社の創業者・元会長・CEO,2011年没
Sergey Brin	グーグル社の共同創業者・技術部門担当社長
Larry Page	グーグル社の共同創設者・CEO
Stephen Schwarzman	投資家、ブラックストーン・グループの会長・CEO
Warren Buffett	投資家、バークシャー・ハサウェイの会長・CEO
Bill Gates	マイクロソフト社の創業者、元会長・技術担当アドバイザー
Barry Diller	元パラマウント映画、20世紀フォックス会長・CEO
David Geffen	ドリームワークス SKG、アサイラム、ゲフィンレコード等の創設者
Howard Stringer	元 CBS ニュース社長、TELE TV 会長、SONAM 会長、前ソニー会長
Richard Parsons	元タイム・ワーナー CEO
Larry Ellison	オラクル社の創設者・CEO
Jeff Bewkes	タイム・ワーナーの会長・CEO
Jeff Bezos	アマゾン社の創設者、会長・社長・CEO
Peter Chernin	投資家、チャーニングループの会長・CEO
Leslie Moonves	CBS 社の社長・CEO
Ronald Perelman	投資家、マックアンドリュース&フォーブスの会長・CEO
Howard Schultz	スターバックスの会長・CEO
Robert Iger	ウォルト・ディズニー社の会長・CEO
Jeffrey Katzenberg	ドリームワークスアニメーションの EO
Leonard Lauder	1999年までエスティーローダー社の CEO、現名誉会長
Bruce Wasserstein	投資銀行家、2009年没
Steven Cohen	SAC キャピタル・アドバイザーズの創設者
Henry Kravis	投資家、コールバーグ・クラビス・ロバーツ者の創設者
Mickey Drexler	J・クルーグループの会長・CEO, 1999年依頼アップル社の取締役
Michael Moritz	投機資本家、セコイア・キャピタルの共同出資者
George Soros	投資家、ソロス・ファンド・マネジメント会長
Sumner Redstone	ナショナルアミューズメントの劇場チェーンの会長
Paul Allen	マイクロソフトの共同創設者、2000年退社
Eddie Lampert	投資家、シアーズ・ホールディングスの会長・CEO
Leon Black	アポロマネジメント（非公開投資会社）の創設者
Jann Wenner	「ローリング・ストーン」誌の共同創設者
Larry Gagosian	美術商、アートギャラリー・チェーンの所有者
Eli Broad	KB ホームスの共同創設者、サンライフ保険会社の CEO（2000年まで）
Michael Milken	投資家
Arthur Sulzberger Jr.	ニューヨーク・タイムズ社の会長
Ron Burkle	投資家、ユーカイパ社の創設者
Steven Rattner	投資家、DLJ マーチャント・バンカーの元頭取

注：“The VANITTY FAIR 100”（World's 25 Richest Judicial Index で検索）に掲載された100名の「The World's Most Poweful」の内からユダヤ系アメリカ人と明記された者だけを抽出し、一覧表に作成した。各人の職業内容の説明は Wikipedia によるものである。

に、「S・ジョブス氏の信任も厚く実質的にアップルを経営している[6]」と言われたティム・クックCOOが、その任に就いた。

S・ジョブスの後継者

英国系アメリカ人、T・クックは造船所労働者の子として1960年、アラバマ州で生まれ、デューク大学でMBA取得後、IBMでPC事業に12年間係わり、後コンパック社に移り、副社長を経て1998年アップルに入社する。全世界向け販売担当の上級副社長となり、2005年にはCOOに昇格した。この間、「サプライチェーンの達人」と言われ、在庫や調達等管理面で手腕を発揮し、同社を特徴づける製品デザインの開発等でジョブスの信任を得ていったという。

かれのCEO就任にあたり、「クック氏は物腰が柔らかく紳士的。しかし粘り強さではジョブス氏と変わらない」とされ、「クック氏は仕事は社員に任せるタイプの経営者でアップルが大きく変わるとは思えない[7]」と言われた。かれもまたジョブスが集めた幹部らを手堅くまとめ、集団指導性を維持していくことが、アップルを成長させるとした。特に、デザイン担当の上級副社長、ジョナサン・アイブとのコンビが崩れない限り、「アップルは大丈夫[8]」とみられている。

アイブはロンドンでインダストリアル・デザインを学び、デザイナーとなるが、１９９２年アメリカに移住、アップルに就職、97年インダストリアル・デザイン・グループ担当の上級副社長となる。かれはドイツ系ユダヤ人であるワールドワイド・マーケティング担当上級副社長のフィリップ・シラーと共に集団指導体制を推進することになる。

独自の株式制度

ジョブスがこの集団指導体制の結束を促すため独自の株式制度を残している点に注目する必要がある。この特殊株式は、会社に一定期間在籍した場合、普通株式に転換する権利を行使できるようになり、巨額な財産となる。一定期間が来る前に退職した場合、その権利を失うためジョブスを支え、その手法を熟知する現在の経営体制を維持する狙いがある。

ジョブスは、ＣＥＯ退任後、クックにこの株

表８　アップルを支える幹部とジョブズ氏のＣＥＯ退任後に付与された株式数

（カッコ内は担当）

ＣＥＯ	付与された株式数
ティム・クック（経営）	100万株
上級副社長	
エディー・キュー（ネットサービス）	10万
スコット・フォーストール（IOS ソフト）	15万
ジョナサン・アイブ（製品デザイン）	-
ボブ・マンスフィールド（ハード）	15万
ピーター・オッペンハイマー（CFO）	15万
フィル・シラー（販売）	15万
ブルース・スーエル（総務）	15万
ジェフ・ウィリアムズ（生産）	15万

出所：『日経産業新聞』2012年２月20日付。

式を大量に交付しており、死去後それ以外の幹部にも交付され、クックCEOの下での現体制の継続が続けられている。ただ、ここで表8にみるように、クックへの交付株式数が他の上級副社長より10倍に近い額で、他の役員への全交付額とほぼ同額になっている点に留意する必要がある。これは企業規模の大小に係わらず、「組織の中の個人」の力が、ビジネス行動で強く発揮できることを示している。企業内の結束が、外部交渉での信頼感を支えることを意味している。

クックはジョブス死後、懸念された主要幹部の流出を食い止め、ジョブス時代を支えたチームの維持を図った。一時英国への帰国も噂されたアイブ上級副社長も定住を決意し、ハードウェア担当のマンスフィールドも12年6月いったん退任を発表したが、8月には「社内にとどまり、将来の製品（群）に関与する(9)」と発表、クック体制で退任や移籍した役員は皆無になったという。

調達・生産面に強いクックの供給戦略は、その後新型iPhoneでの液晶ディスプレイは発売3カ月余りで販売エリアを約100カ国・地域に広げるスピードと規模で利益成長を続けた。しかしながら、アップルにとって成長は平坦な途ではなく、2013年末の純利益の減額で、14年には中国市場に活路を求めねばならなかった。中国移動通信を通ずるスマホの「アイフォーン」の発売は、中国でのソフトバンクによるアンドロイド陣営への投資等「中国市場は手ごわく、不安の影も忍び寄る」[10]ことになる。また、サムスン電子の米国での無料音楽配信サービスへの対抗、生産委託先である鴻海精密のアップル依存体制からの脱却の動き、サムスン電子との特許を巡る世界10カ国で争う裁判の長期化等、多くの経営問題が浮上してきた。

アップルはそうした状況下、住宅・設備機器への遠隔操作用の新ＯＳ、腕時計型ウェラブル端末、情報サービス「カープレイ」等の自動車業への参入・開発等、多くの課題への速やかな対応に迫られている。

自前主義の転換

こうした動きの中で同社の自前主義からの転換という経営戦略の変化が見られる。まず、２０１４年５月、過去最大規模と言われる音響機器・音楽配信のビーツ・エレクトロニクス社の買収（約３０００億円）である。この買収は、従来「企業文化は独特で、伝統的に他社の大型買収には消極的であったジョブズ路線の転換を意味する」し、「アップルが注目するビーツの価値は実は人材」[11]とも言われ、ビーツ社の創業者、ジョー・アイオビン（プロデューサー）とドクター・ドレ（ヒップ・ポップ・アーティスト）の「アップルの経営幹部に就任する見通し」[12]とも指摘された。

また、「ＩＢＭがアップルのタブレット（多機能端末）『iPad』などに向けてビッグデータ分析などにビジネス仕様のアプリを開発。両社で企業向け携帯サービス需要を掘り起こす」という。これは「消費者向けビジネスのキングと法人向けのキングが手を組んだ」[13]とも評される。いずれにしろアップルにとって「自前主義からの転換で高成長を取り戻す」[14]ことに変わりはない。

こうした意思決定は、高速化する業界事情の変容に対応し、小回りのきくビジネスを可能にする。まさに「ジョブスの時代は確実に遠のき」「クックCEOは自らの道を歩み始めた」[15]と言えよう。この「道」は企業の大小にかかわらず素早い意思決定を行い、担当者は大幅な権限・責任をもち、自分だけの判断でかなり大きな仕事をする仕組みを生み出している。これがビジネス活動での決断力・機動力となっているわけである。

16　ビル・ゲイツとデファクト標準―マイクロソフト

アメリカのビジネス界で名を残す経営者の規範には、古くは石油のロックフェラーにみる「独占」、自動車のフォードにみる「大量生産」に対して、ITでのゲイツの「デファクト標準」が「それぞれの生み出した事業モデル・経営戦略のキーワード」[16]として掲げられる。

デファクト標準は失い易い

Ｂ・ゲイツによって創設されたマイクロソフト社のＯＳ、「ウインドウズ」は、１９９０年末には世界中のパソコンの約95％を稼働させる結果となった。妥協のないゲイツの性格を映し出すように同社はソフト業界に君臨した。90年代後半に起業した会社は同社に買い取ってもらうように育てるか、邪魔にならないように事業を進めるかであったとさえ言われる。

ゲイツは同時期に、雑誌記者のインタビューで「警戒しているのはどんな会社か？」という問いに対し「私が恐れているのは、ガレージで全く新しい何かを生み出そうとしている起業家だ」と答えている。この記者は「ゲイツが、世の常として既存企業の敵が〝革新〟であることを知っていた(17)」と記している。これはデファクト標準のもつ本質を精確に掌握していたからにほかなるまい。企業間競争によって獲得できるこの標準は一時たりとも安穏であることを許さないからだ。

ゲイツ、バルマーを経て三代目のＣＥＯとなったサティア・ナデラは、２０１４年に入ってスマホと小型タブレットのメーカーに「ウインドウズ」の一部無償提供を発表した。同社は従来、スマホやタブレットのメーカーから1台あたり5～10ドルのライセンス料を得ていたとされる。「ウインドウズ」が業界標準だったパソコンの時代には当然だったが、グーグル社の「アンドロイド」の携帯端末用ＯＳのシェアが8割近くを占める今、「お金を払ってでもウインドウズを使いたいというメーカーは少なくなった」[18]わけである。そこでマイクロソフトはOS無償提供の対象を画面サイズを9インチ以下の端末に限定し、収益の大きいパソコン向けの「ウィンドウズ」事業を守り、グーグルが無償の「アンドロイド」で築いた牙城に迫る決断をしたわけである。

スマホやタブレット市場でグーグルやアップルを追う立場に置かれたマイクロソフトは「守る側ではなく、挑戦者の発想でイノベーションを起す」[19]（ナデラCEO）ことになる。この革新は、スマホの応用ソフトの開発とノキアの買収で加速しようとするデバイス（端末事業）の成長にあると見られる。

大競争時代の経営パラダイム

デファクト標準確保というビジネス行動が、かつての「大量生産」や「独占」と対比して「経営戦略のキーワード」と言われる由縁は、業界標準の取得が現段階での企業自体の生存のパラダイム（＝踏み外せない方向付け）であるからに他ならない。業界標準の取得には大量生産によるコスト引き下げと独占を維持する製品差別化から生ずるコスト引き上げという矛盾する課題を同時に解消する内容をもった方向付けが必要となる。では、なぜこうした課題解消が企業存続のため不可避となったのか。一口で言えば、企業のグローバル化の進展によって、生産・サービス活動の増加・拡大をはじめ新興国企業の参入により、各企業の世界市場での市場の取り分が狭められたことが原因と言える。

この動向は１９９０年代に入り、各企業間の競争を一層激しくした。この激しさは次の３つの形をとって現れた。

その１・競争の加速化：これは個々の企業の生産面での製品開発の高速化（技術開発力の上昇による製品寿命の短縮化から生ずる）・複雑化（消費者需要に対応する開発製品の多様化から生ずる）・平準化（競合企業のもつ生産技術水準の拮抗による製品の均質化から生ずる）を生み出す。

その２・競争の可変化：これは個々の企業に市場対応の迅速な変換を求めるようになり、市場の選択と集中を促し、市場参入にあたり自社新設方式よりも合併・買収・提携方式にシフトさせることになる。これは買収や売却での戦略性を高め、参入・撤退を速やかに行うため戦略提携を経営戦略上不可欠なものにする。

その３・競争の広域化：これは個々の企業の競争範囲を地理的（未開発地域への参入）にも、事業内容的（多角化の進展による他事業への参入）にも拡大する。この傾向は各企業に競争範囲の狭隘化を志向させることになる。この結果、競争により自社製品を業界標準品とするか、特定技術・製品内容を公開し業界標準品（合意標準なり公的標準の取得）とすることで非競争領域を確定することになる。[20] このような競争状況が、製品コストの上昇と低下を同時に充足するという方向付けを企業経営者達に求める結果となる。

ＩＴ産業の場合、この業界標準の取得は急速な形で展開されている。その意味でゲイツが「デファクト標準」を経営戦略のキーワードとし、かつての「大量生産」（規模の経済性）と「独占」（範囲の経済性）と対比させたのは理由のあることと言えよう。

アップル、マイクロソフト、グーグルというＩＴ巨大企業間競争は、現段階でのグローバル企業間競争の姿を具体的に映し出している。

17　1カ月に8社も買収―グーグル

日本の人型ロボットのベンチャー社の買収で話題を呼んだグーグル社は、１９９８年９月創業以来２０１４年４月までに買収した企業は１４３社、公開された買収総額約２兆６８００億円に達したという。２００１～０９年までが56社であったのに対し10～13年末の４年間で83社に及んでおり、この間１年当たり約20社の買収を行っており、シリコンバレーで最大の買収活動を示している。

買収対象の変容

この買収内容をみると、当初は情報検索という本業を拡張・補完・改善するためのものであったが、近年になると、ロボット、住宅、自動車から無人機にまで及んでいる。［表９参照］例えば、２０１３年12月の１カ月間に買収した８社のうち、日本のシャフト社を含む５社は軍事用を含むロボット事業であり、エアコン温度の自動制御機器開発のベンチャー、ネスト・ラボ（14年１月）など、多角化のために約３３００億円を投入している。これは市場では「身の回りのものが将来的には全て

表９　急拡大する米グーグルの事業領域

分野	最近の動きなど
省エネ住宅	IT を活用した温度調節装置などをてがける米新興企業を買収すると、１月13日に発表
自動車	自動車大手と提携し、自社の基本ソフト（OS）と接続できる自動車を開発すると、１月上旬に発表
ロボット	ヒト型ロボットなどを製造する日米などの新興企業計８社を買収済み
医療・健康	医療・福祉分野の新会社をつくると昨年９月に発表。バイオ技術を活用し、長寿の問題に取り組む
人工知能	人工知能関連のすぐれた技術で知られる「DNN リサーチ」社を昨年買収
スマートフォン	大手携帯機器メーカーを2012年５月に買収し、独自のスマートフォンを発売
ウエアラブル端末	メガネ型の新しい情報端末「グーグル・グラス」の試作品を完成させ、実用化を目指す

出所：『朝日新聞』2014年１月22日付。

ネットでつながるとみて、住宅機器の自動化がビジネスになると判断した」[21]ためとみられている。

ネット検索というソフト事業から出発した同社は、第1節でみたように2012年5月のモトローラ・モビリティの買収を契機に端末製造を開始した。ウェアラブル機器向けのアンドロイドOSの提供だけでなく、メガネ型端末の製品、独自のスマホの製造等、ハードウェア生産を強化し、アップルに対応している。また、提携を通じても多角化の途を進み、14年に入ってホンダ、GM等4社との車内情報機器制御システムの共同開発は大きな動きとみられる。VWもグーグルと協力を深めるとし、「デジタル化は自動車のあり方の再定義を迫っている」[22]（VW、M・ヴィンターコーン社長）と強調し、アウディのスポーツ車「TT」の新モデルにグーグルのOSを採用し、発売するという。

13年7～9月期だけの純利益約3100億円からみても第1節でみたように多角化戦略に伴う「新分野への投資は大した額ではない」[23]（L・ペイジ）ということになる。

自由に使える資金

グーグルだけでなく、アップル、マイクロソフト、オラクル、クアラコム等IT企業6社の手元資金は、2013年末時点で3618億ドル（約37兆円）に拡大し、1年前より15％増えたという。この手元資金こそ第7節で指摘したユダヤ的発想の一つである「いつでも動かせる状況に保っている自分の資本」[24]に他ならない。この手元資金増加の背景には、スマホ、ソフトやサービスネットワークを通じて利用するクラウドコンピューティングの普及があるという。

アップルは収益性の高い先進国を中心とする競争優位、グーグルは基本ソフト「アンドロイド」の拡大を背景にスマホ等の広告配信上の優位、マイクロソフトはスマホ・タブレット製品の普及によるクラウド関連ソフト販売の優位さが「稼ぐ力」を維持したものとみられる。ここで留意すべき点は前出Ｌ・ペイジの指摘にもあるように、「開発投資やＭ＆Ａを活発化させてはいるが、金額は手元資金の巨大さからすれば、小規模だ」[25]ということだ。

ＩＴ３社に共通する企業行動

ここでＩＴ３社の事業内容を確認してみよう。

「インターネット、デジタル家電製品と同製品に関連するソフトウェア製品の開発・販売を行う企業」―アップル

「コンピューター・ソフトウェアの会社、現在では各種管理システム、ソーシャル・ネットワーク、デジタル家電事業の開発・販売を行う企業」―マイクロソフト

「情報検索、ソフトウェア、オンライン広告等インターネット関連のサービスと製品を提供する企業」―グーグル

というように、きわめて類似した内容となっているのだが、アップルがハードからソフトへの移行、他2社がソフトからハードへの移行を進めている。特に、マイクロソフト、グーグルのハードウェア生産へのシフトが日増しに加速化している。

豊富な手元資金を背景とするこの3社の事例からグローバル化を進めるアメリカ巨大企業の行動を整理すると、次の3点が浮かび上がってくる。以下は3社に共通する点であるが、各項目毎に1社の事例をみていく。

(1)　素早い決断と行動：アップルにみる自前主義からの転換の事例にみるように、高速化する業界事情への対応が、経営幹部の判断で大きな仕事ができる仕組みを生み出している。

(2)　厳密な選択・評価能力の保持：マイクロソフトのデファクト標準追求の事例にみるように、経営幹部には、買収・売却はもとより、自社の経営資源をどの程度オープンにするかといった線引きのため、姿態変換した事物に同等物を探り出す能力が求められる。

(3)　適切な事業機会の掌握：グーグルにみたモトローラの買収と売却、自動車各社との共同開発など、新しい事業機会の確保に敏感であると同時に先行き採算が採れないとみれば、速やかに売却・清算に踏み切る。

アメリカのユダヤ人達が築き上げたＩＴ産業の頂点に立つ上記３社の動きにみられる特徴がこの３点にあるとすれば、この特徴はユダヤ人的属性を反映しているはずだ。次にこの点を近年にみるユダヤ人問題専門家の発言の中に追ってみよう。

V　アメリカのビジネスとユダヤ人

IT企業の連携主役、自動車企業の本拠地―デトロイト

18　ビジネスにみるユダヤ系アメリカ人の行動特性とは

アンドリュー・サターによると、ユダヤ人一般を特徴づけるものは、民族や国家をはじめ宗教でもなくユダヤ文化であるという。しかし、実際にユダヤ人は世界各国に散っているため、その様々な要素のうち「彼らが共通して持っている文化は思考方法」であるとし、その内容を以下の5点にまとめている(1)。

○環境変化に対して、実用主義と適応性をもって対処する
○独立独歩で思考する能力を鍛える
○読解力、分析的思考を鍛え、学習する癖をつける
○自分の文化を維持しながら、世界に飛び込む
○個人的及びコミュニティ・レベル両方で他人を思いやる

こうしたユダヤ人一般に共通する属性は世界各国に生存するかれらの社会生活で種々な偏差を生むだろう。しかし、A・サターがアメリカのユダヤ人であるところから、このような思考方法と生活行動は、本書でみたかれらのビジネス行動の基底となっているに間違いない。

三つの属性

かれらのビジネス行動の特性は、第13節のＢＤの業界標準取得に係わるＪ・ビューケスとＨ・ストリンガーの交渉にもみられたように、一口に言って「抽象化能力の優秀性」「自己保全性」「合理的打算性」の３点に求められる。(2) この三つの属性は、相互に関連してその特性を創り出す。

(1)　前項のＩＴ企業経営幹部の事例にみたように、抽象化能力の優秀性は姿態変換した事物の中にその同等物を探り出すことを可能にする。これは精緻な経営戦略、取引条件の掌握、買収（売却を含む）・提携の推進、標準化ノウハウの創出といった経営行動を速やかに進める基底となる。

(2)　第13節のＢＤ規格競争の終結時のワーナー社ＣＥＯ、ビューケスの共同声明不参加という事例（81～82ページ参照）にみたように、この自己保全性という属性は、素早い意思決定力と共に市場機会の把握を貪欲にする。したがって、事業好機の確保に敏感であるとともに不採算、リスク回避への速やかな対応となって発現される。

(3)　この属性はビューケスのＢＤ支持の姿勢にみられたように、自らの安全確保のため、徹底した損益計算に準拠した取引を遂行する。この合理的打算性は互いに譲り合うことではなく、相互の要求内容を徹底的に主張し合い、交渉の場で相手方の妥当性を見抜くことで維持される。

これらの特性は、「理詰めの」「小回りのきく」「相手に不当な損をさせない」取引を生み出すことになる。

ビジネスにみるこうしたユダヤ的特性を近年にみる指摘の中から確認しておく。

マーヴィン・トケイヤーによると、「ユダヤ人が抽象的な発想に長けていたことが新しいビジネスの世界をつぎつぎと開拓することになった。抽象的な概念というと、形がないから自由な発想を可能にする(3)」という。この指摘は既成概念にとらわれず、新しい発想を可能にするという説明ではあるが、抽象化能力の優秀性を示すものと言える。

また、「ユダヤ人は変化や迫害によって決して打ちのめされることがなく、かえって困難な状況を飛躍する好機としてとらえてきた」ことから「逆境の中から業を起す力(4)」を持っているとも言われる。これは徹底した自己保全性から生じる速やかな評価力・行動力の存在を示している。

こうしたかれらの属性は、「あくまでも『理詰めの商法』を生み出し、「何よりも商契約を重んじる。問題が生じた場合はどうするかなど、細則にわたって取り決めをすることが、そのまま『正直』であることにつながっている。(5)」そして「取引は売り手と買い手の双方が対等の立場に立って行われなくてはならない(6)」とも指摘される。これが、合理的打算性に結びつくことは言うまでもない。

『アップル、グーグル、マイクロソフトはなぜ、イスラエル企業を欲しがるのか？』

これは、ダン・セノール、シャウル・シンゲルによって書かれた書籍の邦訳書名である。本書にみる答を約言すれば、起業家精神、つまり、「業を起す力」の確保にある。しばらく本書の指摘に注目しよう。

「アメリカが生き延びて世界におけるリーダーシップを発揮し続けるためには、起業家精神こそがわれわれにとって最も大切な優位性である」。起業家には「ごく小さな（自宅での起業を含む）ものからニッチ市場を狙い、決して身の丈以上に背伸びをしない小さな企業の設立も含まれる。しかしイスラエルがずば抜けているのは、高成長を果たせる起業家の輩出だ。」「高成長を果たせる起業家であるかどうかは、飛び抜けて革新的なアイデアの事業化を目指して、エンジニアや科学者から経営者やマーケティング担当まで、その道の才人を活用しているかどうかでわかる。(7)」

グーグルの会長、エリック・シュミットは、「アメリカは起業家にとって世界最高の国であるが、アメリカを除けば、イスラエルが最高」と指摘、マイクロソフトのS・バルマーも「マイクロソフトのイスラエル人チームの規模とその中心的役割を考えると『アメリカの会社であ

ると同時に、同じようにイスラエルの会社だ』」とまで言っている。(8)

こうしたアメリカＩＴ企業のイスラエルのベンチャー企業への関心は、グーグルによる地図情報サービス事業のウェイズ社の買収（２０１３年６月）にみるように、２０１３年以降激しくなっていること（［表10参照］）やマイクロソフトのイスラエルでの研究開発拠点の設営等にも現れている。(9) イスラエルはＩＴ企業が狙う付加価値の中心がソフトに移るに伴い、サービス面の技術でも重要な供給源となっている。

「起業家精神の確保」はアメリカのユダヤ人にとってビジネスを進める基礎となるわけだが、かれらのこうした行動特性はなぜ生まれたのか。

表10　米ＩＴ大手が買収した主なイスラエル企業

	企業名	時期	事業の内容	投資額(億ドル)
アップル	アノビット	2012年1月	フラッシュメモリー向けの半導体開発	5※
	キュー	2013年10月	情報通知アプリ	0.4※
フェイスブック	オナボ	2013年10月	携帯端末向けのデータ管理	1.5※
グーグル	ウェイズ	2013年6月	地図情報サービス	9.66
ＩＢＭ	トラスティア	2013年9月	セキュリティー関連のソフト	6.5以上

注：※は日経推定。

出所：『日本経済新聞』2013年10月23日付、『朝日新聞』2013年11月10日付より作成。

19 Outsider: 余所者・除け者・一匹狼

辞書を引くとoutsiderの意味には右にみるような訳がみられる。これは1988年アメリカ企業のユダヤ人について書かれたアブラハム・K・コーマンの著作の表題でもある。この用語はアメリカのユダヤ人が、なぜ既存の基幹産業部門でなく、本書で述べてきたように既存産業の〝隙間〟を狙い、自ら新しいビジネスを開発してきたのかという問いに対する答でもある。A・K・コーマンはこの著作で次のように述べている。

「ユダヤ人は起業家としての出世の機会を小売、娯楽、ソフトウェアのようなリスクの高い産業に、はっきりとそして時としては巧妙に求めていった。(10)」

「限界就業者」として生きる

アメリカでのユダヤ人の社会的地位は、単なるマイノリティ・グループの一員ではなく、第4節でみたように「限界就業者」であった（27ページ参照）。例えば、流通業というかれらが圧倒的な力で開発した分野であっても、第7節でみたようにスーパーマーケットはかれらの入り込む新しい〝隙間〟とならなかったのは、1929年の大恐慌後、人々の最低限の食を癒すという需要が急務であったため、巨額な資本投入を必要とし、非ユダヤ系の人々にとって大きな市場となったことによる。また、第二次世界大戦に至ると国内労働力の不足は軍需品工場、造船所、航空機工場という基幹産業での工員、セールスマン、事務員としてユダヤ人の採用を促すが、戦後にはごく一部の技術職種を除き解雇されていった。

このような限界就業者として生きたユダヤ人達も、欧州生まれの初代と、アメリカ生まれの二代目、三代目とでは、第4節でみたように生存目標も生活条件も異なっていた。かれら三世代の偏差は「初代と二代目との差異にみるほど、二代目と三代目では大きくなく」、アメリカ社会への同化傾向は異なっている。ただ、各世代とも「伝統的な宗教信念を保有し、ゲットーの安楽と安全から去ろうとしなかった者がいる一方で、急速に〃アメリカ化〃を受け入れビジネスに成功し、また婚姻を通じてユダヤ的特質を失っていった(11)」者も存在した。

グローバル企業の経営幹部はこの〃アメリカ化〃を受け入れた者であったわけだが、「アメリカ企業にあってユダヤ人はアウトサイダーの位置(12)」にあることに変わりなく、これがかれらのビジネス行動にユダヤ的特性を残す条件となった。では、現存するアメリカのビジネスの中でユダヤ的特性はどのように存在するのだろうか。

〝アメリカ的〟は〝ユダヤ的〟

現在、アメリカのユダヤ人は、すでに見てきたように、ＩＴ産業をはじめ各産業部門で活発に活動している。アメリカでのビジネスこそ、最もユダヤ人が大手を振って活動できる舞台であるし、極言すれば、アメリカのビジネスこそ極めてユダヤ的であるとも言える。これはアメリカでのアウトサイダーとしてのユダヤ人が、〝隙間〟に創り出した産業企業によりアメリカ経済に種々なインパクトを与えた結果として捉える前に、長きに亘るユダヤ人のアメリカ移住が生み出した歴史的な産物として把握する必要がある。

その意味でウェルネル・ゾンバルトが１９１１年に出版した著作に記した次の指摘は極めて重要な意味を持つ。かなり長文であり、しかも訳書が古いため、ここでは原意を崩さぬように整理・縮小したものを見ていこう。

「アメリカ的ということは、まさにただユダヤ人の縫い込みによってのみあるのだということである。何故ならば、われわれがアメリカニズムというところのものは、まさにその非常に大きい部分に凝結されたユダヤ精神以外の何物でもないからである。しかし、では一体このアメリカ文化へのユダヤ的な精神の強烈なる注入は、何処に起因しているのだろうか。私が考えるには、一般的なユダヤ的要素の完成は早期の植民地時代に逆ると言える。…中略…

当初、米国に移住した少数のユダヤ人達は新生活のため森林を開拓し、雑草を焼き払う労働で生活を維持した。このうちの一部はこの土地から得られない日用必需品を得るため土地からの生産物の販売を少数の同胞に行商させた。生産物が金に換えられた。…中略…北米の農民はヨーロッパの貨幣や信用経済を進めることとなった。かくしてアメリカ国民経済の資本主義的組織および資本主義的精神の浸潤は、植民の当初よりその端緒を開いたのである。なぜならば、商業主義的本質の最初の細胞はやがて全包括的組織にまで膨張したからである。この『新世界』が資本主義的なものといえる。この役割を演じたのがユダヤ人家族であったことはいうまでもない(13)。」

つまり、ゾンバルトによれば、アメリカでの資本主義経済形成は、欧州に存在したシステムのユダヤ人による導入であった、というわけである。その意味でアメリカ経済の細胞を構成する企業のビジネス方式がその当初からユダヤ的であったとみることができる。ゾンバルトは、同書で「ユダヤ人特有の経済理念とは、従来の伝統主義、生業理想、身分的組織、安定性の理念に対置される〝近代的精神〟と呼ばれる個人主義的な経済観であり、それは資本主義企業の経営者の考え方をあまねく支配している(14)」とも指摘している。

張り巡らされた障壁

このように考えると、アメリカこそユダヤ人の天国であり、かれらはいかなる産業部門でも、縦横に闊歩してよかったはずなのだが、既にみたように事実は単純ではなかった。アメリカ経済は、キリスト教系の人達によって高い障壁が張り巡らされることとなったからである。

では、この障壁はいつ頃から出来上がったのか。19世紀後半を通じアメリカでは産業資本の制覇が進み、新しい産業や金融業も生み出されていった。ユダヤ人達はこの時にも種々事業活動を進めるのだが、ここでユダヤ教徒にもキリスト教徒にも等しく影響する経済変化が生じた。それは刻々と拡大化される産業部門での競争激化に対応し、自らの事業拡張による急激な追加資本の導入のため外部金融機関からの借り入れが不可欠となったことだ。これら金融機関がニューヨーク、ボストンにあるキリスト教系の人達の銀行であった。かれらは貸付に伴い対象企業に役員派遣を要求した。１８９０年代から１９００年代の初頭には、多くの会社、創立者やその家族で経営できる段階を超え、銀行の派遣役員や専門経営者によって経営されるに至った。これらの経営幹部がキリスト教系の人達であったことは言うまでもない。

その結果、この障壁は、投資銀行を除く商業銀行・保険等の金融業、屑鉄を除く鉄鋼業、自動車・鉄道・石炭・ゴム・石油化学・造船・電力等の製造業を含む基幹産業を囲み込んでいったわけだ。

もとより、個々のユダヤ人にとってこの〝障壁〟の外で暮らすか、中で暮らすかという選択肢は当然存在した。ここに〝ユダヤ的〟なるものと〝アメリカ的〟なるものの相互浸透の姿を見るわけだし、現在のアメリカ企業のビジネスにみる取引行動にもはっきりと現れてくる。

20　アメリカ企業の取引活動にみるユダヤ的特性

グローバル化の進展に伴い米・欧・日という先進グローバル企業にみるビジネス行動は、かなり同化の傾向を示している。特に直接影響を及ぼし合う取引活動では行動様式の相互浸透は進んでいるとみられる。とはいえ、各国の風土、言語、文化、習慣等によって形づくられた特性が簡単に同化されるわけではない。日本企業と比べ、アメリカ企業の取引行動を見つめるとき、相対的に次の四つの特性が浮かんでくる。

日本企業とは違った四つの特性

第1は、戦略性の高さである。事前調査の実施を踏まえ、販売経路の選択・設営を行い、生産拠点設営まで現地の条件に沿って注意深く進める。これは第二次大戦後、圧倒的な市場支配力をもったアメリカのメーカーが、価格競争に頼らず、長期的、計画的に販売活動進めた成果に他なるまい。

第2は、この戦略の立て方が収益性重視であることだ。つまり、「何年経ったら、いくら売れるか」という販売量重視ではなく、「何年経ったらいくら儲かるか」ということだ。マージン（利幅）より、マークアップ（値入）が問題であり、投資利益率（ＲＯＩ）が重視される。

第3は、合理的でドライな性格を持つ点である。不必要になった相手とはすぐに手を切ると同時に、また必要となれば、再び手を結ぶという、人と人とのつながりがドライな性格であることだ。

第4は、取引担当者が専門的なノウハウをもつことである。セールスマンが1つの専門職業となっていることだ。「〃セールスマン〃という言葉は、人生の成功者であり、高度の教養のあるアメリカ人を意味している[15]」と言われるのはこのためである。

取引には、やはりユダヤ的特性が！

こうしたアメリカ企業の取引活動の中に〃ユダヤ的〃なるものは、次の6点にまとめられる。
(1)　非常に理詰めの取引をすること。具体的な事柄から一つの理論的なマトメを引き出し、それを実際に試し、観察する姿勢である。これは原則に則って活動する半面、この原則から斬新なアイデアを生むことに積極的であるということだ。約言すれば、理論的思考力とでも言えよう。
(2)　標準化する能力に長けていること。具体的には、セールス・マニュアルや現地子会社の経営者向けのポリシース・マニュアルの作成をはじめ取引条件のフォーマル化などにみられる。これらはすぐに役立つもので自社の活動の集積を基礎に極めて精巧に作られ、担当部署の責任権限の明確化の基礎になる。この簡素化能力は(1)と共に、第18節でみたユダヤ人のもつ抽象化能力の優秀性の現れと言える。

(3)　小回りのきく取引に長けていること。これは、素早い意思決定をし、行動するとも言える。小企業の場合は勿論、大企業でも各担当者は大幅な権限・責任を持ち、自らの判断でかなり大きな仕事を進める。その結果、相手先担当者への具体的コンタクトが取引の軸となる。アメリカでの業績主義と職種別にみた〝可動性ある就職〟システムがこうした機動力・決断力を支えている。

(4)　市場機会の掌握に貪欲であること。これは〝得べかりし利益を失ったこと〟にたいする責任の重さに基因する。(3)でみたように担当者の責任・権限の明確さに関連する。セールスマンが新しい取引先の開発に際し、自らの責任で新顧客の獲得に当たる反面、獲得した顧客には「会社の取引先」としてよりも「自分の客」として対応する。その証拠に転職する場合、どれだけの得意先を持つか、つまり〝顔の取引〟が重要となる。セールスマンだけでなく、経営幹部にしても同様である。この機会の評価力と(3)の決断力・機動力は、自らの〝やるべきこと〟と〝やらざるべきこと〟の区別を明確化させる。この自らの「守備・攻撃」範囲の形成は、ユダヤ人のもつ自己保全性の現れである。
(5)　徹底した損益計算の上で取引を進めること。数字を通ずる分析結果の意味を精確に捉える力とでも言えるし、長期的な読みと短期的な駆け引きが、感情的な見通しでないことを意味する。ただ、この厳しい数字の読解力は、現実には(4)でみた特徴とも兼ね合い非常に感情的な雰囲気に包まれている。特に小企業の場合、この傾向は強い。しかし、これは取引を有利にする作為的なものではなく、本来的に〃そういうもの〃とみられる。
(6)　相手に不当な損をさせない取引をすること。かれらの取引はあくまで対等に、ルールに沿った取引をするわけだが、〃お互いの利益〃には、譲り合って「まあこの辺で」という考え方は存在しない。お互いにいかに自分の要求内容が合理的かを、トコトン主張する。その上で双方の損得計算の結果、取引が成立する。したがって、交渉過程での力関係は弱者に対し強くなる性格をもつ。そこから契約書重視という特性が生じる。つまり日本企業の場合、「契約書に書いてない事」は、「事」が生じた時点で決めればよいとするのに対し、アメリカ企業は「決めてない事は全てやってよい」と考えることになる。この正当な判断力は、(5)の数字の読解力と共にユダヤ人のもつ合理的打算性の現れである。

こうして、アメリカ企業の事業活動の執行が、企業規模の拡大化に伴い「個人」から「組織の中の個人」へと変質している中でユダヤ人のもつ特性を体質化していったわけである。

21「ものづくり」と「ボーダーレス化」を求めて

ここで本書を終わるに当り、冒頭でみたIT企業の三つの出来事を想起してみたい。

第1のM・デルによるMBOは、パソコン・メーカーから脱却し、タブレットを含むサービス企業への転換を組織の中の個人（＝「ヒト」）によって速やかに進めることを意味していた。また、第2のマイクロソフトによるノキアの携帯電話端末事業の買収は、経済の中核となる生産活動（＝「モノ」）への参入を現わしていた。第3のグーグルによるモトローラのレノボへの売却は、ウェアラブル、自動車、ロボットへの注力にシフトする資金確保（＝「カネ」）への動きであった。

これらは、ユダヤ系企業が製造業を軸とするアメリカ経済での存在を確固たるものにしようとする足掻きともとれるだろう。では、なぜかれらは、自らの力の巨大化に伴い、「ものづくり」への強化を急ぐのだろうか。

「ものづくり」は経済成長の原点

巨大企業がグローバル化するに伴い、資本主義世界での市場支配を強めるためには、経済活動の原点とも言える生産力の掌握が自らの生存にために不可欠となるからに他ならない。その昔、ユダヤ系ドイツ人、カール・マルクスは、「産業資本は、生産物を創造する資本の唯一の定在様式である。だから産業資本は生産の資本性的性格を条件づける」[16]とまで論述した。まさに経済にとって製造業は『幹』のような存在」（三菱重工・大宮英明会長）[17]なのだ。

この「生産物の創造力」（＝生産力）は、言うまでもなく、道具→機械（作業機・伝導機・動力機）→オートメーション（フォローティング化・フィードバック化・コンピュータ化）という流れで伸長を続けてきた。ＩＴ産業はコンピュータ化の中でハード、ソフトの両面で進化を遂げ、主としてソフト面の発展を担った企業が、ユダヤ系アメリカ企業であったわけだ。それらがハード、ソフト両面で圧倒的な力を持つに至り、自社企業の一層の発展のためには、市場拡長→経済拡大→生産伸長という繋がりの中で生存するため、他産業への参入を余儀なくされている。

例えば、グーグルの場合、自動車、ロボット、住宅設備等への多角化をみるわけだが、特に自動車産業への参入は、その「製造から販売まで、自動車産業のすべてが欧米のＩＴ産業の支配下になる危険性がある」[18]とまで言われるほどに積極化している。

２０１４年に入って話題となった自動車内の情報機器制御のシステム開発で、グーグル、ＧＭ、アウディ、現代、ホンダの提携による「オープン・オートモティブ・アライアンス」が設立された。グーグルだけでなく、「ＩＴ各社には『モバイル（移動）機器』として自動車分野への進出を狙う……自動車とＩＴ産業との世界的な合従連衡が進む可能性が出てきた[19]」と指摘されている。

実際には、「テレマティクス」サービスで顧客を囲い込む動きが加速している。つまり、「道路交通情報通信システム（ＶＩＣＳ）」の試行期間、ＶＩＣＳ活用によるカーナビの発展を通してスマホ普及に伴う利便性向上の加速化という流れの中で「アップル、グーグルのスマートフォン基本ソフトが急速に自動車産業に接近。これを背景にテレマティクスはスマホとの連携が求められ、完成車やカーナビメーカーが対応を迫られている[20]」というわけだ。まさに「『組合わせ型イノベーション』の時代が始まろうとしているのだ。[21]」

現時点での２大ＯＳに参画している自動車企業は、表11にみる通りであり、車各社とアップル、グーグルとの関係は強化されている。

表11　２大ＯＳに参画する主な車ブランド

●カープレイ（アップル）	●アンドロイド・オート（グーグル）
トヨタ、ホンダ、日産、三菱、マツダ、スズキ、スバル、アウディ、シボレー、クライスラー、フィアット、フォード、現代、ジープ、オペル、ボルボ、**プジョー**、**シトロエン**、**ＢＭＷ**、**メルセデスベンツ**	ホンダ、日産、三菱、マツダ、スズキ、スバル、アウディ、シボレー、クライスラー、フィアット、フォード、現代、ジープ、オペル、ボルボ、**ルノー**、**フォルクスワーゲン**

太字は一方のプロジェクトのみ参画

出所：『日刊工業新聞』2014年７月11日付。

ユダヤ人にとって「ボーダーレス化」は〝わが世の春〟

一方、ＩＴ企業のグローバル化の進展も著しく、現地国進出は数十カ国で製造・販売・サービス活動を展開している。例えば、グーグルの場合、２０１４年時の世界での事業所網は、欧州21カ国、アジア・太平洋11カ国、ラ米４カ国、アフリカ６カ国、中東４カ国と40カ国を超え、70以上のオフィスを設置している。マイクロソフト、アップルにも同様な動きが見られる。

アップルの場合、国際事業会社（Apple Operations International）を持株会社として設置し、その管理下に欧州向けの特定製品ラインの生産会社（Apple Operations Europe）と中国での製品委託のための契約等の外部製造企業への管理会社（Apple Sales International）を本国に置き、これらの製品を一括して世界市場に販売する管理会社（Apple Distribution International）と特に欧州市場の小売統括会社（Apple Retail Holding Europe）をアイルランドに設置、その他地域には各地地域管理会社（Apple Asia 等）を通して販売する仕組みが構築されている。

明らかに企業体としてのグローバル化の進展をみる。こうした動きは「国家と国境に苦しめられた」ユダヤ人達が「今のグローバル化、ボーダーレス化の状況をいかに歓迎しているか」「ユダヤ人からすれば、　忌まわしき国境がなくなっていくグローバル化時代は、まさに長い間待ち望んだ〝わが世の春〟という思い[22]」に浸っているという指摘もある。

企業には国境はなくても国籍はある

アメリカのユダヤ人達がこれからもビジネスの〝隙間〟に新しい企業活動を創り出していくことに間違いはなかろう。ただ、企業のグローバル化というのは、あくまで事業活動のボーダーレス化であり、企業国籍の多国籍化ではない。無機能株主がいかに多くの国の人々に拡がろうとも、本社がどこの国に位置しようとも、機能株主の国籍が変わらない限り、所有権は不変であり、単一国籍企業の他国への進出活動（国際トラスト）であることに変わりはない。したがって、アメリカ企業の中でその生存の場が拡大するにつれてユダヤ人のビジネス行動の特性は喪失する傾向にあるとみられる。かってアーブラハム・レオンが指摘した通り、「ユダヤ人が経済的に周囲の社会に適合し、一つの階級を形成することを止めたところでは、どこでもかれらのユダヤ人的特徴は急速に失われる[23]」わけである。

加えて、当該産業部門だけでなく、他産業企業との取引関係や自国内寡占企業間の競争（時としては協調）関係の一層の激化という厳しい経済的強制に直面することで意思決定者の「個人」のもつ特性を発揮することは困難になり、競合企業と同一次元での行動を採らざるを得なくなる。さらに、企業のグローバル化は外国においても同様な経済的強制に遭遇することを意味する。これはそこで生存・発展する経営主体の「意識」に国内以上の大きなインパクトを与えることになる。

そうした流れの中で、ユダヤ人が長年、社会経済的環境の下で培われた特質である国際適応性（＝新しい環境への浸透度）の高さと内部結束性（人的つながりの重視）の強さに支えられ、アメリカのグローバル企業としてその特性を発揮しつつ、事業のボーダーレス化を求めることになろう。

【注】

Ⅰ アメリカ社会とユダヤ人

（１） 『日経産業新聞』２０１３年12月13日付。
（２） 『朝日新聞』２０１３年９月４日付。
（３） 『日刊工業新聞』２０１３年９月４日付。
（４） 『朝日新聞』２０１４年１月30日付夕刊。
（５） 前掲紙２０１４年１月22日付。
（６） デヴィッド・ヴァイス／マーク・マルシード、田村里香訳『Google 誕生』イーストプレス社 ２００６年 37ページ。
（７） 『朝日新聞・DEGITAL』２０１４年１月４日付。
（８） *The Economist*, 28 July 2012.
（９） 例えば、２０００年時の United Jewish Communities による調査では５２０万人であり、２００１年時の Jewish Year Book には６１５万人、２００６年時の American Jewish Yearbook の調査では６４０万人そしてイスラエルの The Jewish People Policy Institute の調査では５２７万人という数値になっている。
（10） リチャード・S・テドロー、有賀弘子訳『アンディ・グローブ 上』ダイヤモンド社 ２００８年 xxv 頁。
（11） Adam D. Mendelsohn, *The Rag Race—How Jews sewed their way to success in America and The British Emire*, New York University Press, 2015, p.47.
（12） B・リトヴィノフ「ユダヤ人はアメリカで何をしたか」『諸君』１９７１年６月号 43ページ。
（13） Sidney Goldstein／Calvin Goldscheider, *Jewish Americans*, Prentice Hall, 1968, p.78.
（14） Ibid., p.13.
（15） Ibid., p.8.
（16） Robert E. Park, “Human Migration and the Marginal Man,” *The American Journal of Sociology*, VOL.XXXIII, May 1928, p.881.（リプリント版 The Bobbs-Marrill Reprint Series in the Social Sciences より）

（17）拙著『ユダヤ・ビジネス』ダイヤモンド社　１９７２年　94ページ。
（18）Steven Silbiger, *The Jewish Phenomenon, revised ed.*, M. Evans, 2009, p.21, 35, 53, 87.

二　流通・金融企業とユダヤ人

（１）Peter H. Drucker, "Economy's Dark Continent," *Fortune* April 1962.
（２）http:llen.wikipedia.org/wiki/Carrie_Marcus_Neiman
（３）10セントショップ以外にも5セント、25セントショップとも言われた。
（４）http://hexagon.inri.client.jp/floorA4F_ha/a4fhc200.html
（５）『多国籍企業とユダヤ人』Ｍ・Ｎ・Ｃ（５）１９７５年50ページ。
（６）「株式を大量に取得したうえで、投資先の企業価値を向上させるために経営改革を働きかける株主」（『日本経済新聞』２０１３年９月４日付）
（７）『プレジデント』（１９６４年７月号）誌に掲載された内容を纏めたもの。拙稿「アメリカのユダヤ人ビジネス」『プレジデント』１９７８年61ページより。
（８）前掲拙稿26ページ。
（９）２０１３年時の収益額４７６２億９４４０万ドル、従業員２２０万人の達し、フォーチュン・ランク第１位となっている。（"Global 500" *Fortune* July 2014）
（10）林周二『流通革命』中公新書１９６２年参照。
（11）Douglas Martin, "Eugene Ferkauf, 91, Dies; Restyled Retail," *The New York Times*, June 6 2012. (http://www.nytimes.com/2012/06/07/business/Eugene-ferkauf-Founder-of-e-j-k)
（12）Ibid.
（13）ディビッド・ハルバースタム、金子宣子訳『ザフィフティーズ』第Ⅰ部　新潮ＯＨ文庫　２００２年　２７２ページ。
（14）『朝日新聞』１９７１年４月29日付。
（15）Nathan Glazer & Daniel P. Moynihan, *Beyond the Melting Pot, 2nd ed.*, MTT Press, 1963, p.149.

III　製造業とユダヤ人

（1）G・Burk, "Singer: Hardening of the Assets," *Fortune*, January 1959 p.89.
（2）ダイヤモンド社編『シンガー・ミシン』ダイヤモンド社　１９６９年　82ページ。
（3）J・M・ストップフォードの調査によると、１９６８年末で全世界的組織をもつに至った会社は１７０社中81社であり、そのうち国際事業部を改組して発展したものは57社となっている。このうち国内事業組織として多製品・職能分権的組織に達していた企業は49社で最多となっている。シンガー社はこの事例に属する。（詳細は、拙著『多国籍企業の支配行動』中央経済社１９７６年１９８〜２０２ページ参照）
（4）チャールズ・E・シルバーマン、武田尚子訳『アメリカのユダヤ人』サイマル出版会　１９８５年　１２６ページ。
（5）前掲書　１１５〜１１６ページ。弁護士には多くのユダヤ人が就いていた状況を配慮すべきと思われる。
（6）前掲書　１２６ページ。
（7）手島祐郎『ユダヤ人のビジネス哲学』ダイヤモンド社　１９９４年　１７０〜１７１、１７８ページ。この点についてはシルバーマンも同様の見解を示している。前掲書１１２ページ参照。
（8）Jeffrey Blankfort, "Stunning Jewish Success Dominates American Media" *Noahide News* Dec.6, 2004. (http://www.lewrockwell.com/vance/vance25.html)
（9）『朝日新聞』２００８年２月20日付。
（10）『日本経済新聞』２００８年２月20日付。
（11）増田和夫「東芝　ＨＤ　ＤＶＤ撤退へ―ハリウッドは〝ＩＴ〟を選ばず〝光ディスク〟を選んだ」Nikkei Trendy ２００８年２月18日。
（12）立石泰則『ソニー　インサイド　ストーリー』講談社　２００６年　85ページ。
（13）『日本経済新聞』２００８年２月23日付。
（14）前掲紙。
（15）『日経産業新聞』２００８年１月10日付。
（16）エドワード・J・エプスタイン、塩谷紘訳『ビッグ・ピクチャー』早河書房　２００６年　80〜81ページ。
（17）『日刊工業新聞』２００８年１月８日付。

（18）『日本経済新聞』２００８年2月21日付。
（19）前掲紙。
（20）この特性については拙稿「多国籍企業の経営パラダイム・〝標準化の経済性の追求―次世代ＤＶＤ規格競争終結要因の分析を通して〟」『世界経済評論』２００８年11月号22～32ページ参照。
（21）マーヴィン・トケイヤー、加藤英明訳『ユダヤ商法』日本経営合理化協会２０００年１１４ページ。

Ⅳ　ＩＴ（情報技術）企業とユダヤ人

（1）マーヴィン・トケイヤー、加藤英明訳　前掲書　１１２ページ。
（2）https:www.google.com/about/company/facts/management/#sergey
（3）アンディ・グローブ、樫村志保訳『僕の起業は亡命から始まった』日経ＢＰ社　２００２年。
（4）リチャード・S・テドロー、有賀裕子訳『アンディ・グローブ・上』ダイヤモンド社　２００８年　xiiiページ。
（5）http:llen.wikipedia.org/wik/Steve-Ballmer
（6）『日経産業新聞』２０１１年7月21日付。
（7）『朝日新聞』２０１１年9月3日付。
（8）『日経産業新聞』２０１１年12月28日付。
（9）前掲紙　２０１２年10月5日付。
（10）前掲紙　２０１４年1月29日付。
（11）前掲紙　２０１４年5月16日付。
（12）『日本経済新聞』２０１４年5月29日付夕刊。
（13）前掲紙　２０１４年7月17日付。
（14）前掲紙　２０１４年5月29日付夕刊。
（15）『日経産業新聞』２０１４年5月26日付。
（16）前掲紙　２０１１年8月26日付。
（17）チャールス・アーサー、林れい訳『アップル、グーグル、マイクロソフト―仁義なきＩＴ興亡史』成甲書房　２０

１２年　15ページ。
(18)『日本経済新聞』２０１４年４月４日付。
(19)『日経産業新聞』２０１４年４月９日付。
(20)拙稿「グローバル化の進展とマーケティング・パラダイムの新機軸」(『経済集志』日本大学経済学部　２０１２年10月所収)を参照。
(21)『朝日新聞』２０１４年１月22日付。
(22)『日本経済新聞』２０１４年３月４日付夕刊。
(23)『朝日新聞』２０１４年１月22日付。
(24)50ページ傍点参照。
(25)『日本経済新聞』２０１４年２月27日付。

V　アメリカ・ビジネスとユダヤ人

(1)アンドリュー・J・サター、中村起子訳『ユダヤ人の頭』インデックス・コミュニケーションズ　２００４年　73〜74、82ページ。
(2)拙著『ユダヤ・ビジネス』ダイヤモンド社　１９７２年　20〜26ページ。
(3)マーヴィン・トケイヤー、加瀬英明訳『ユダヤ商法』日本経営合理化協会出版　２０００年　１８１ページ。
(4)前掲書　73ページ。
(5)前掲書　69、58〜59ページ。
(6)手島佑郎『ユダヤ人のビジネス哲学』ダイヤモンド社　１９９４年　66ページ。
(7)ダン・セノール、シャウル・シンゲル、宮本喜一訳『アップル、グーグル、マイクロソフトはなぜ、イスラエル企業を欲しがるのか』ダイヤモンド社　２０１２年　27〜28ページ。
(8)前掲書　21ページ。
(9)『朝日新聞』２０１３年11月10日付。
(10)Abraham K. Korman, *The Outsiders-Jews and Corporate America*, Lexington Books, 1988, p.45.

(11)　Sidney Goldstein / Calvin Goldsheider, *Jewish Americans-Three Generations in a Jewish Community*, Prentice-Hall, 1968, p.13.

(12)　Korman, *ibid*., p.187.

(13)　W・ゾンバルト、長野敏一訳『ユダヤ人と資本主義』国際日本協会　１９４３年　61～62ページ。

(14)　前掲書　２６０ページ。

(15)　A・ジョンソン／G・ジョーンズ／D・ルカレス編、生島広治郎監訳『一兆ドルの消費市場―'75年の日本とアメリカ』ダイヤモンド社　１９６９年　83ページ。

(16)　K・マルクス、長谷部文雄訳『資本論』青木文庫（５）１９５３年　74ページ。

(17)　『日刊工業新聞』２０１４年８月27日付。

(18)　桃田健史『アップル、グーグルが自動車産業を乗っとる日』洋泉社　２０１４年　２ページ。

(19)　『日本経済新聞』２０１４年１月７日付。

(20)　『日刊工業新聞』２０１４年７月11日付。

(21)　エリック・シュミット／ジョナサン・ローゼンバーグ、土方奈美訳『Google―私たちの働き方とマネジメント』日本経済新聞社　２０１４年　１０９ページ。

(22)　渡部昇一『まさしく歴史は繰りかえす』クレスト社　１９９８年　76～77ページ。

(23)　アーブラハム・レオン、波田節夫訳『ユダヤ人と資本主義』法政大学出版局　１９７３年　２７４ページ。

アメリカのビジネスとユダヤ人に関する参考文献

エリック・シュミット、ジョナサン・ローゼンバーグ、土方奈美訳『Google―私たちの働き方とマネジメント』日本経済新聞社　2014年
ブラッド・ストーン、井口耕二訳『ジェフ・ベゾフ―果てしなき野望』日経BP社　2014年
デボラ・ペリー・ピシオーニ、桃井緑美子訳『シリコンバレー―最強の仕組み』日経BP社　2014年
エカテリーナ・ウォルター、斉藤栄一郎訳『THINK LIKE ZUCK―マーク・ザッカーバーグの思考法』講談社　2014年
フレッド・ボーゲルスタイン、依田卓巳訳『アップル vs. グーグル』新潮社　2013年
ダン・セノール、シャウル・シンゲル、宮本喜一訳『アップル、グーグル、マイクロソフトはなぜ、イスラエル企業を欲しがるのか』ダイヤモンド社　2012年
アダム・ラシンスキー、依田卓巳訳『インサイド　アップル』早川書房　2012年
チャールズ・アーサー、林れい訳『アップル、グーグル、マイクロソフト―仁義なきIT興亡史』成甲書房　2012年
ドン・ソーダクィスト、徳岡晃一郎＋金山亮訳『ウォルマートの成功哲学―企業カルチャーの力』ダイヤモンド社　2012年
スティーブン・レヴィ、仲達志＋池村千秋訳『グーグル―ネット覇者の真実』阪急コミュニケーションズ　2011年
リチャード・S・テドロー、有賀裕子訳『アンディ・グローブ［上］―修羅場がつくった経営の巨人』ダイヤモンド社　2008年
リチャード・S・テドロー、有賀裕子訳『アンディ・グローブ［下］―シリコンバレーを征したパラノイア』ダイヤモンド社　2008年
デビッド・ヴァイス、田村里香訳『Google 誕生―ガレージで生まれたサーチ・モンスター』イースト・プレス　2006年

立石泰則『ソニー インサイド ストーリー』講談社　２００６年
エドワード・Ｊ・エプスタイン、塩谷　紘訳『ビッグ・ピクチャー』早河書房　２００６年
手島佑郎『ユダヤ―最強の成功ノート』イースト・プレス　２００５年
手島佑郎『ユダヤ人のビジネス教本』太陽出版　２００５年
佐藤唯行『アメリカのユダヤ大富豪』ＰＨＰ研究所　２００４年
手島佑郎『ユダヤのビジネス黄金律』全日出版　２００４年
手島佑郎『ユダヤ―タルムードビジネス』全日出版　２００３年
フレデリック・アラン・マクスウェル、遠野和人訳『バルマー―世界「最強」の経営者』イースト・プレス　２００３年
本田　健『ユダヤ人大富豪の教え』大和書房　２００３年
宮崎正弘『ユダヤ商法と華僑商法』オーエス出版　２００２年
サム・ウォルトン、渥美俊一＋桜井多恵子監訳『私のウォルマート商法』講談社　２００２年
デイヴィッド・ハルバースタム、金子宣子訳『ザ・フィフティーズ・第１部―１９５０年代アメリカの光と影』新潮ＯＨ文庫　２００２年
佐藤唯行『アメリカ経済のユダヤ・パワー』ダイヤモンド社　２００１年
マーヴィン・トケイヤー、加藤英明訳『ユダヤ商法』日本経営合理化協会出版局　２０００年
滝山　晋『ハリウッド　巨大メディアの世界戦略』日本経済新聞社　２０００年
佐藤唯行『アメリカ・ユダヤ人の経済力』ＰＨＰ新書　１９９９年
本間長世『ユダヤ系アメリカ人』ＰＨＰ新書　１９９８年
渡部昇一『まさしく歴史は繰りかえす』クレスト社　１９９８年
手島佑郎『ユダヤ人のビジネス哲学』ダイヤモンド社　１９９４年
ヴェルナー・ゾンバルト、金森誠也『ユダヤ人と経済生活』荒地出版社　１９９４年
アラン・Ｍ・ダーショウィッツ、山下希世志訳『ユダヤ人の世紀』ダイヤモンド社　１９９３年
土井敏邦『アメリカのユダヤ人』岩波新書　１９９１年
チャールズ・Ｅ・シルバーマン、武田尚子訳『アメリカのユダヤ人』サイマル出版会　１９８５年

矢部正秋『ユダヤ式交渉術』産業能率大学出版部　１９８４年

押川　昭『アメリカのユダヤ人』産業能率大学出版部　１９８１年

浜野成生『ユダヤ系アメリカ人と日本の世紀』弓書房　１９８１年

ジェイムズ・ヤフェ、西尾忠久訳『アメリカのユダヤ人』日本経済新聞社　１９７２年

竹田志郎『ユダヤ・ビジネス―透徹した金銭哲理と行動』ダイヤモンド社　１９７２年

ルイス・ワース、今野敏彦訳『ユダヤ人と疎外社会―ゲットーの原型と系譜』新泉社　１９７１年

W・ゾンバルト、長野敏一訳『ユダヤ人と資本主義』國際日本協會　１９４３年

Adam D. Mendelsohn, *The Rag Race: How Jews sewed their way to success in America and the British Empire*, New York University Press, 2015.

Steven Silbiger, *The Jewish Phenomenon, revised ed.*, M. EVANS, 2009.

Abraham K. Korman, *THE OUTSIDERS-Jews and Corporate America*, Lexington Books, 1988.

Meir Tamari, "*With All Your Possessions"—Jewish Ethics and Economic Life*, The Free Press, 1987.

Jenna Weissman Joselit, *OUR GANG-Jewish Crime and The New York Jewish Community,1900-1940*, Indiana University Press, 1983.

M. Hirsh Goldberg, *The Jewish Connection*, Bantam Book, 1976.

Harry Golden, *Travels Through Jewish America*, Doubleday & Co., 1973.

Stephen Aris, *The Jews in Business*, Jonathan Cape, 1970.

Frances Butwin, *The Jews in America*, Lerner Publications, 1969.

James Yaffe, *The American Jews*, Paperback Library, 1969.

Sidney Goldstein and Calvin Goldscheider, *Jewish Americans*, Prentice-Hall, 1968.

C. Bezalel Sherman, *The Jew within American Society*, Wayne State Univ. Press, 1965.

[付表] ＢＤ対ＨＤ業界標準取得競争終結の過程

年月日	事象
08・01・05	ワーナー・ブラザーズ、ＨＤ規格のＤＶＤソフト販売から撤退し、6月からＢＤ規格のソフトだけ販売すると発表。米ＤＶＤ市場で20％前後のシェアを持つワーナーの戦略転換は規格争いが早期決着する可能性も出てきた。東芝は「路線変更したことに大変驚いている。極めて残念」とコメントを発表。同社の巻き返し策の中核は米国などに多いパソコンでＤＶＤを視聴する層の囲い込み。08年ＨＤ-ＤＶＤ対応パソコンを世界で５００万台販売する計画。ＨＤ-ＤＶＤ事業関連販促費はかなり負担となり、パラマウントとユニバーサルを引き留めるには早期に対応パソコンの普及実績を示す必要がある。（Ｋ）
08・01・07	ＨＤ側の普及団体HD-DVD Promotional Groupは「コンシューマー・エレクトロニクス・ショー（ＣＥＳ）」で6日に予定していた記者会見を取りやめた。4日ＢＤ方式の一本化を声明したワーナーが欠席した会見では、「当初予定していたメッセージが正確に伝わらない」（東芝広報）と判断したためという。（Ｋ） 同普及団体は「ワーナーの決定はＨＤ-ＤＶＤにとって、後退」としながらも、「ＨＤ-ＤＶＤ品質と価格の手ごろさへの注力は消費者に恩恵をもたらしてきた。これにはいかなるフォーマットにとっても成功に欠かせないものだ。次世代フォーマットの幅広い採用は消費者によって決まると確信している」と述べている。（Ｉ） 東芝アメリカは、ＣＥＳの記者会見で第3世代となるＨＤ-ＤＶＤプレーヤー「HD-A3」「HD-A30」「HD-A35」を6日より発売すると発表。いずれも初心者向け製品でＨＤ-Ａ3が２９９・９９ドル、他2機種が１００ドルずつ高い。3製品ともＤＶＤ／ＣＤ／ＨＤ ＤＶＤの再生が可能。さらに同社小坂明生社長は今回のワーナーの離脱についてＨＤ側が「負けたわけではない」としながらも。今後の明確な方針については言葉を詰まらせた。ただ、「ＨＤ ＤＶＤを強く推し進める方針に変わりはない」

	と強気の姿勢は崩さず、昨年の北米でのＨＤ-ＤＶＤプレーヤーの販売台数が他メーカーのブランドを含め１００万台に達したとしている。（Ｉ、ロイター・Ｇ） ソニーのハワード・ストリンガー最高責任者は、６日の会見で「今日はブルー（一色）の日になった」と〝勝利宣言〟した。ＣＥＳのソニーブースではＢＤディスクProfile1.1をさらに進めたProfile2.0に導入される「BD-Live」のデモも実施し、対応機器として、ＰＳ３やＢＤプレーヤーも参考展示された。（Ｋ、Ｉ／Ｗ） ソニー、北米の年末商戦期（11月23日～12月31日）でのＰＳ３の実売台数１２０万台に達したと発表。米ソニー・エレクトロニクスはディスクトップＰＣ向けの５インチ用ＢＤ方式ディスクドライブ「ＢＤＵ-Ｘ１０Ｓ」を発表。価格は２００ドル前後の予定で１月中に発売。（Ｉ、Ｉ／Ｗ）
08・01・08	７日から開催された国際家電見本市（ＣＥＳ）、ＢＤＡのブースでは各社の最新ＢＤ関連製品が展示され、ＦＯＸによるＢＤ-ＲＯＭのネットワーク機能BD-Liveのデモ等も行われた。ＨＤ-ＤＶＤのブースでは各社の新プレーヤーやビデオタイトルを一堂に集めているほか、ＨＤ-ＤＶＤ対応パソコンを多数展示。ソニーはＢＤ方式レコーダーを軸にハイビジョンの魅力の紹介。シャープはＢＤプレーヤー「ＢＤ-ＨＰ５０Ｕ」を発売。（Ｉ／Ｗ、Ｉ） ＢＤ関連の現地ソフト供給業者には〝ＢＤ対ＨＤ戦争〟について「終焉とまでは言わないが、ＢＤを指示する企業が次のステップに進む条件は揃ったとは思う」とし、「さほど長い時間はかからないだろう」と予測する者もいる。また、ハリウッドのホームビデオビジネス関係者には、「ＢＤ対ＨＤのフォーマット戦争」から「ＢＤ対ネットワークビデオ配信がどのような関係で発展していくか」に移る。つまり、ＢＤの敵はＨＤ-ＤＶＤではなく、ビデオ配信であると言うのだ。フォーマット戦争は終わりに向けての動きが早まっているものの、パッケージメディアやレコーダー用メディアのＤＶＤからＢＤへの移行はこれからが正念場。さらにＢＤを支持する各社間の競争も激しくなる、といった意見もある。（Ｉ） ＢＤ方式のみを支持するというワーナーの決定を後押ししたのは、米国経済の減速とＤＶＤ業界の

	売り上げ減に対する懸念、と同社上級幹部はロイターに語った。映画会社の利益の半分を占めるＤＶＤ売上は２００７年に低下し、08年はさらに減少すると予想されている。（Ｉ）
08・01・09	ＣＥＳでのＢＤとＨＤの両ブースを眺めているとＢＤ優位という印象を受けるが、ＢＤ側が映画キャラクターやインタラクティブデモなどでの華やかなブース構成であるのに対して、ＨＤ側はブース奥まで進まないと詳細な説明を受けられないといった構造的な違いもある。急なワーナーのＢＤ支持一本化に対してHD DVD Promotion Groupが対抗策を準備できなかった可能性もある。ただ、ＣＥＳ全体を俯瞰してもフォーマット競争はＢＤ優位に大きく傾きつつあるように感じられる。（Ｉ） ソニーは「粛々とハードウェアを販売して行くのみ。フォーマット競争に関してはハードウェアというよりもソフトウェア販売において市場が決めること」とした。だが、ＢＤソフトウェアの売上累計は４００万本から５００万本への１００万本を1カ月以内で達成しており、この流れは強まると推測。（Ｉ） マイクロソフトXbox360の外付けにＨＤ方式を採っているが、消費者の要請をみてＢＤ方式への対応も考えるが、ワーナーのＢＤ方式単独支持がXbox360売上への影響はないとした。（ロイター） ロサンジェルス・タイムズは、パラマウントのＨＤ陣営からの離脱を1カ月以内に選択の可能性を報じた。また、英タイムズのオンライン版は、ＨＤ陣営の20社が離脱の準備を進めていると伝えた。（Ｉ）
08・01・10	ワーナー・ブラザーズのＢＤ単独支持は、なぜ生じたか。この点につき親会社のタイムワーナー社側の最高経営責任者の変更に加え、ハリウッドに人脈を持つソニーのハワード・ストリンガー会長兼ＣＥＯが「トップセールスで口説き落とした」とみる向きが強い。また、「パラマウントがＢＤにくら替えする」することを検討中、といったことも一部で報じられている（フィナンシャル・タイムズ）に至っている。パラマウント社はこれを否定しているが、同社が昨年8月、東芝との契約時に「向う18カ月間」という期限付であったことやＨＤ側の米マイクロソフト幹部が８日「消費者が望むなら

	（ＢＤへの）対応を考える」と発言していること、一方東芝側もＨＤ-ＤＶＤ事業は原子力発電、半導体等「45ある事業の一つ」（東芝首脳）に過ぎないこと、また「規格争いの早期決着で出血が少なくなるのはプラス」（野村証券アナリスト）となることなどから早期にＢＤへの一本化が進行する要因が見られる。ただ、ＨＤ側も１００万台以上のハードを販売済みだけに、既存購入者への対応など多くの問題を抱えている。（K、S） フォーマット競争に対する大型小売店の反応は、「我々は勝者を宣言する状況にないと思う。完全に決着が付くまでは、消費者は様子見の姿勢を続けると思う」（Target）。「今年の年末商戦までに、フォーマット間の競争の代わりに、顧客にもっと明確な選択肢が提供されればいいのだが、そうなるかどうか分からない」（Wal-Mart Stores）。「いかなる形でも進展がみられてうれしい。これは大きな前進だととらえている」（Circuit City Stores）。「単一のフォーマットに到達する見込みがかなり見えてきた」（Best Buy）。（I）
08・01・12	パナソニック、ＢＤ方式のこれから先の技術に関して「ＢＤの多層化はまだ進めます。パッケージソフトに関しては規格が既に決まっていますが、技術面での解決策とニーズ発掘の可能性があるならば、挑戦すべきと考えています。多層化に関してはドライブ開発ではなく、ディスク製造の面でのブレークスルーが必要ですが、決して不可能な話ではありません。」（松下電器・津賀一宏役員）（I）
08・01・15	東芝、北米で昨年9月から順次発売した再生機３機種の一律50ドル値下げ。入門機１４９・９９ドル、中級機１９９・９９ドル、上級機２９９・９９ドルとなる。ＢＤ方式再生機は４００ドルが中心でこれに比べ大幅に安くなる。東芝は米国での次世代ＤＶＤ対応再生機市場（ゲーム機を除く）で07年には50％のシェアを取得。（K）
08・01・16	ビジネスウィーク誌、ソニーのＢＤが優勢勝ちか、ワーナーの支持は復活へののろし、とした。「正確な影響の予測は困難だが、いずれはＨＤ側の各社ともＢＤ技術に転向し、ソニー側にライセンス料を支払う可能性があるとしている。そのためにはソニーが短期のうちにディスク、レーザーなどの主

	要装置の開発や奨励策に要した巨額の費用を回収し、消費者や映画製作会社をＢＤ側に引き寄せることだ（ソニー関係者は数値の公開を拒否）。いずれにしろ、ソニーがＰＳ３の部品を減らし、設計変更をしたことは評価されるとし、１台当たりの製造コストが06年11月の発売直前には８００ドル超えていたが、この種の変更で既に４００ドル前後まで下がった。ソニーは今後ＰＳ３を〝ゲームもできる手頃なブルーレイディスクプレーヤー〟として宣伝することができる。インターネットにつなぎ、ゲームは動画、音楽をダウンロードできるハードディスクもついている。ストリンガー会長は07年12月東京での記者との座談会で、あと３年は同社の舵を取るつもりだとほのめかした。（Business Week）
08・01・17	ワーナーはＢＤ選択の理由を次の３点にある、と説明。①ソフトウェア売上高に占めるＢＤの割合が北米で60％、英国で70％、日本で95％以上となった　②再生可能なハードウェアの数は北米でＢＤがＨＤの４倍に達した（ＰＳ３を含む）③北米では12月、ＢＤプレーヤーの方が１００ドル高いにもかかわらず、２倍の数が売れた。東芝の継続する低価格化戦略については、ＨＤビデオパッケージのビジネスですでに意を決している。東芝とは別の分野で良い関係を継続できればと思っている、と指摘。（Ｉ）
08・01・18	調査会社ＢＣＮによる家電量販店での調査では昨年10～12月期の次世代ＤＶＤ機種の販売結果は、ＤＶＤレコーダー全体にしめる次世代機の比率は台数ベースで18・１％。そのうち、ソニー59・８％、松下27・０％、シャープ９・６％、東芝３・８％を示す。「ＢＤ優位の情勢を意識して商品を選ぶ客も多い」という。（Ａ、Ｋ） ソニー・エレクトロニクスは、〝価格競争後〟のＢＤ事業につき次のように指摘。今後は「対ＨＤ-ＤＶＤというよりもＢＤそのものを普及させることが課題」「ＢＤの高画質訴求とBD Live の活用を進めることで、ユーザーに付加価値の高さを訴える正攻法で攻める。『Without Blu-ray HDTV is just TV（ブルーレイのないハイビジョンテレビは、ただのテレビだ）』という標語で攻める」（米国

	のユーザーはテレビ番組を見るよりも、ＤＶＤを見ている時間の方が長いと言われる。）価格競争の中で現在の３９９ドル（一時２９９ドル）ＢＤプレーヤーがあるわけだが、一度下がった価格を戻すことは困難なのでは?という問題については、「高級機（１２９９ドル）から中級機（６９９ドル）、初級機（３９９ドル）までの製品ラインは年内にBD Liveとネットワーク対応機種に置き換えることができると思う。顧客の嗜好に沿った選択肢をたくさん提供する必要性を重要と考える」（ＢＤプレーヤー・マーケティング担当長尾和芳）。（1）
08・01・19	東芝、欧州で07年10月に発売した２７９〜２９９ユーロの中級機を２００ユーロ以下に、４４９〜４９９ユーロの上級機を３００ユーロ以下に下げた。ＢＤ対応の再生機に比べ半額以下という大幅値下げ。東芝は06年末に欧州でＨＤ-ＤＶＤ対応の再生機を発売。累計20万台以上を販売、07年末で約６割のシェアを占める。（K）
08・01・21	GfKジャパンがまとめたＢＤとＨＤレコーダーの平均価格は、ワーナーのＢＤ単独支持を表明する前の週（07年12月31日）と翌週（1月7〜13日）で比較すると、ＨＤ側が約5千円下がったのに対し、ＢＤは約5千円上がった。ＢＤの平均価格上昇の背景には、年末商戦での各店値引き合戦が一服したことや品薄だった高価格の上位機種が徐々に店頭に並んだ事情がある。ただ、「店頭価格の下落差はそれほど出てない」（ヤマダ電機）、「双方とも好調で現状価格を大きくいじることはない」（ヨドバシカメラ）。（R）
08・01・23	日立、昨年9月発売したビデオカメラに続く、ＢＤ対応機種「ＤＺ-ＢＤ９Ｈ」を増加。60ギガバイトのＨＤＤとＢＤの併用可能な新機種はフルハイビジョン画質でＨＤＤに9時間、８センチＢＤに１時間記録が可能。ＨＤＤのみ内臓の機種は別売のライターへの接続によってＢＤに映像の保存可。店頭想定価格18万円前後。（S）
08・01・25	ＨＤ-ＤＶＤプロモーショングループ、24日予定していた総会延期。東芝がどのような対抗策を打ち

	出すかが注目されていたが、「市場動向の把握」などを理由に急遽延期が陣営各社に伝えられた。ＨＤ側にとって撤退という選択肢も簡単ではない。単独支持企業はもちろんＢＤと両規格に対応する企業も、ＨＤ方式の機器・ソフトの開発・製作などに資金や人材を割いている。投資余力に乏しい中堅電機メーカーからは恨みの声もある。「ワーナー」ショックが示唆することはＢＤ側も含めハードのシェア争いに終止符を打つ必要性だ。インターネット経由で映像を配信するサービス環境の整備が進展する中で消費者の映像を楽しむ生活様式の変化に留意した対応・交渉が次世代ＤＶＤ自体に求められている。（Ｓ） ソニー、日亜化学と共同でＢＤなど記録・再生ディスクドライブを薄型化できる光集積デバイスの開発を発表。ＢＤドライブの一層の薄型化、低価格化を図れる。価格は未定。年内に量産開始予定（Ｇ） 日本ＨＰ、個人向けパソコン「HP Pavilion」シリーズに新デザインを採用し、ＢＤとＨＤ双方対応ドライブを追加した。ディスクトップＰＣ４機種を１月24日から発売。（Ｉ）
08・01・28	ソニーケミカル＆インフォメーションデバイス（ソニーＣＩＤ）、記録型のＢＤを現行のＤＶＤと同等以下のコストで生産できる技術を確立。従来の技術で同じ枚数を製造する場合、ＢＤはＤＶＤの5～10倍のコストがかかる。同社はディスク基板となるポリカーボネートの改質のほか、記録層や保護膜用の有機材等に低コスト材料を独自開発。現時点ではＤＶＤを同じ量生産する場合と比較してコストは２倍程度だが、設備の安定稼動等でＤＶＤと同等以下のコストに下がる見通しがついたという。（Ｇ）
08・01・29	複数の米メディアによると。13日までの１週間の米国市場でのＢＤソフトの販売シェアは約85％に。従来のＢＤのシェアは60～70％だった。調査会社ＮＰＤグループによると、再生機市場でもワーナーによる４日のＢＤ支持表明直後の１週間の販売台数はＢＤが約２万１８００台、ＨＤの約１８００台とケタ違い。ただ、今回のデータには東芝が13日から米市場で実施した再生機の大幅値下げ後の台数

	は示されていない。（Ｋ）
08・01・30	東芝、３つの誤算、「フラッシュ価格急落」「ＨＤＤの競争激化」「ＨＤ-ＤＶＤ販促費増」。特にＨＤ-ＤＶＤ事業はワーナーの寝返りで深刻な打撃。顧客引き留めのため欧米で再生機の大幅値下げ。「どこまで影響がでるか見極めていない」（東芝・村岡富美雄専務）と説明。戦略の抜本的見直しが迫られる。（Ｓ） 日立がＢＤのデジタルビデオカメラだけでレコーダーは発売しないのは？「次世代ＤＶＤはカメラを中心にやっていく。レコーダーは何らかの形で発売するかもしれないが今は検討段階だ。」ＢＤ搭載のビデオカメラはどんな製品を出していくのか？「自分の子供をハイビジョンで撮っておこうと思った女性が簡単に高画質で残せるようなカメラを作っていきたい。また、記録媒体はＢＤに中心を置くが、ＨＤＤやＳＤメモリーカードに対応したカメラも検討している。（デジタルコンシューマ事業部商品企画本部・吉野正則本部長）（Ｉ／Ｂ）
08・01・31	ソニー、パソコン「ＶＡＩＯ」の新製品６機種19モデルを2月9日から順次発売。そのうちＢＤ対応の１機種を追加。このタイプ「ＴＰ１」はＨＤＭＩケーブルでテレビとつなぎ、テレビをモニターのように使え、店頭で販売するモデル（ネット直販品もあるので）はハイビジョン映像のままＢＤに視聴・録画ができ、ＢＤレコーダーのように利用できる。店頭モデルは２４万９８００円前後。（Ｓ）
08・02・02	「ＢＤ優位の情勢を意識して、商品を選ぶ客が増えてきました」（ビックカメラ有楽町店）という。薄型テレビとレコーダーを一緒に買う客は多いため、メーカーの製品が選ばれやすい点がＢＤ側に有利な状況を生み出している。だが、規格競争の勝負の行方を見極めようと、次世代ＤＶＤレコーダーの購入を手控えている消費者も少なくない。ただ、東芝ファンでも「勝ち目がないのに、何をこだわっているのか。東芝がＢＤを出してくれれば買うのに」という声も聞かれる。（Ａ）
08・02・13	米家電量販最大手のベスト・バイは11日、３月からＢＤ規格商品を中心に販売すると発表。３月以

	降は店頭で再生機、ソフトともＢＤ商品の陳列を優先、インターネット店舗も同様の販売方針を採用。ＤＶＤ宅配レンタル大手のネットフリックスも同日、今後はＢＤ作品を中心に扱うと発表。ＨＤ-ＤＶＤ作品は需要のなくなったものをカタログからはずし、年末までにＢＤ作品だけの扱いにするという。（Ｋ、Ａ）
08・02・15	シャープ、４月にＢＤ等次世代ＤＶＤの２層ディスクに４～６倍速で記録できる２５０ミリワットの青紫色半導体レーザー２機種の量産を発表。小型化が求められるノートパソコンへの搭載が容易。価格５万円。（Ｇ）
08・02・16	ウォルマート、ＨＤ規格製品を徐々に店頭から撤去し、６月以降はＢＤ製品だけを扱うと発表。３月以降、再生機、ソフトともＢＤ製品の陳列、宣伝を優先する。全米４０００の店舗と会員制量販店サムズクラブに加え、インターネット販売も対象。ウォルマートは国内ＤＶＤソフト販売で約４割のシェアを握る。（Ｋ）
08・02・17	東芝、ＨＤ-ＤＶＤの新世代ＤＶＤの規格競争で事実上撤退へ。この敗因とし主体的にはハードとソフトの両方で陣営作りに誤算があったこと。基本特許を押さえ、機器販売で特許料収入を得る戦略に固執したため、他の電機メーカーの賛同が得られなかった。映画（ワーナー等）、小売（ウォルマート等）、レンタル（ネットフリックス）など流通面での動向も世界標準選択に影響。半導体や原子力発電にシフトする東芝は、当面、商品を絞って販売を続ける可能性が高いが、事業を縮小して、世界標準獲得を断念することで販売低迷に拍車がかかり、撤退に追い込まれる公算が大きい。ＨＤ-ＤＶＤは発売から2年。「次世代ＤＶＤ」自体もビデオや現行ＤＶＤと比べれば普及度は低い。この時点での撤退は利用者の混乱を少なくて済み、規格の一本化で次世代ＤＶＤの普及に拍車がかかるという見方もある。（Ｋ、Ａ）
08・02・18	東芝のＢＤ-ＤＶＤ、事実上撤退に係わる各種発言。「高画質対応の年」（大手レンタルチェーン社

	長)。「次世代DVDソフトに関しては様子見が多かったが、BDへの一本化で対応が本格化するだろう」(映像ソフト制作関係者)。「HD-DVD商品はもし米大手の映画ソフトが出なくなっても、録画機としてはかなりの高性能」(家電量販店員)。「撤退するなら、HD-DVDを売り続けるのは客を損させるようなもの。すでに買った客への責任も考えてほしい」(男性客)。「かつてVTRでベータ方式を買って悔しい目にあった。東芝の対応であのときのような被害は出なくなるだろう」(男性客)。「東芝が収益性の低いHD-DVDから撤退することはプラス」(外資系証券アナリスト)。「2年で半額以下という急落ぶりでハードだけでは投資回収は難しい」(BD陣営幹部)。(K、A)
08・02・19	東芝、19日、HD-DVDの開発・生産を全面停止。製品販売も3月末をメドに打ち切る方向。今後のソフト普及が見込めない状況では顧客の支持も得にくいと判断。全面撤退を決定。現在、HD-DVDの関連部品を国内生産し、組み立てを中国とフィリピンの企業に委託しており、生産ラインは現行のDVD製品にも転用可能なので雇用への影響は少ないとみられるが、撤退に伴う損失額は数百億円規模に達する見通し。ブルーレイ、業界標準に。BDは普及段階に。だが、次世代記憶媒体の主役の座は安泰ではない。アップルはハードディスクのみでDVD駆動装置を内蔵しないノートパソコンを発売。フラッシュメモリーが大容量化し、光ディスクを置き換える可能性もある。また、普及段階に入れば、参入メーカーが増えて価格競争にも拍車がかかる。小売りでの在庫処分も課題に。販売したレコーダーの補修用部品の保有期間は製造打ち切り後8年としている。業務向けに軸足という戦略推進。(K、G、S、A)
08・02・20	HD関連の「事業を終息させる」(東芝・西田厚聡社長)。再生機の急速な価格下落と米ハリウッドの決断が撤退の大きな要因。撤退に伴う事後処理:「機器の返品には応じない」「修理は通常の製品同様に対応」「記録メディアのメーカーに販売継続を要請する」「映画ソフト販売についてはパラマウント、ユニバーサルが継続するかは不明」「HD規格対応の記録メディアに録画した映像をBD対応メディアへの転換は技術的には可能だが画像の劣化がありうる」。事業戦略の方向づけとしては、原子力

事業などが本格的に収益貢献するまでは、半導体事業への依存度の高い経営が続く。撤退による各種の影響：「デファクトスタンダード」を確保するため企業やグループ間の競争は激化し、技術革新を後押しするとともに急激な値下げが進んだが、BD一色となると急な価格引き下げは期待できないだろう。東芝製レコーダー「RD-A300」（8万2800円）が大手量販店で6万4800円で在庫処分を開始。しかし、在庫処理の方法は量販店間でかなり異なる模様。「BD製品間の競争が激化し値下げが加速するのでは」（量販店販売担当者）。「BDを買うことに決めたが、値段が下がりそうな年末まで待つ」（消費者）。購入意向者の予算は、「5万～7万円未満」が31・4％、7万円未満合計で57％、10万円未満で合計83％。「ソフトメーカー各社と協力し、早期レンタル開始に積極的に取り組む」（TUTAYA）。光ピックアップや光学レンズ等を生産する部品メーカーの生産体制に変更も。ただ現時点では限定的。関連各社・組織の対応：「BDはこれからの商品。まだその入り口のところ」（ソニー）。「現段階ではコメントすることはない」（マイクロソフト・日本法人）。「DVDフォーラム」について東芝は明確な発言なし。HD撤退後のDVD事業の方向：高速・大容量通信化によりパッケージソフトに頼らなくともインターネットによる映像入手で視聴できる環境の進展でBDというディスクで映像を楽しむ利用者と、ネットの利用者というかたちでの市場出現に注目する必要あり。（K、S、G、A、R）

注：「年月日」欄は掲載紙（誌）の日付。「事象」欄で特に記載の無いものは、前日のプレス・インタビューなり、プレス・レリースの情報もしくは記者による解説。また、前日に生じた事象でも特に明確にした方がよい場合は記載している。文末の略号は、（K）＝『日本経済新聞』、（S）＝『日経産業新聞』、（G）＝『日刊工業新聞』、（A）＝『朝日新聞』、（R）＝『日経MJ』。インターネット：（I）＝『ITmedia』、（I／W）＝『Impress Watch』、（I／B）＝『BCN』。この他、掲載媒体名を記載している場合もある。

人名索引

企業名索引

事項名索引

著者紹介

竹田志郎
1934年　東京生まれ。
明治大学商学部卒業、明治大学大学院商学研究科修士課程修了。
ニューヨーク日本軽機械センター勤務、貿易研修センター（IIST）助教授、大東文化大学経済学部教授、経済学部長、横浜国立大学経営学部教授、日本大学国際関係学部教授を経て現在、横浜国立大学名誉教授。

著書には、『多国籍企業の競争行動』（文眞堂　06年）、『多国籍企業と戦略提携』（文眞堂　98年）、『国際戦略提携』（同文舘出版　92年）、『多国籍企業の新展開』（森山書店87年）、『日本企業の国際マーケティング』（同文舘出版　85年）、『多国籍企業の支配行動』（中央経済社　76年）、『ユダヤ・ビジネス』（ダイヤモンド社　72年）、『国際マーケティング』（日本経済新聞社　70年）、『国際企業の経営管理』（中央経済社　66年）等の他、編著『新・国際経営［新版］』（文眞堂　11年）、『日本企業のグローバル市場開発』（中央経済社　05年）、『国際経営論』（中央経済社　94年）等。

グローバルビジネスとアメリカ・ユダヤ人
—その思想と行動の解明—

二〇一五年四月一〇日　第一版第一刷発行　検印省略

著　者　竹　田　志　郎
発行者　前　野　　　隆
東京都新宿区早稲田鶴巻町五三三
発行所　株式会社　文　眞　堂
電話　〇三—三二〇二—八四八〇
振替　〇〇一二〇—二—九六四三七
〒一六二—〇〇四一

製版　モリモト印刷
印刷　モリモト印刷
製本　イマヰ製本所

落丁・乱丁本はおとりかえいたします
定価はカバー裏に表示してあります
ISBN978-4-8309-4852-7　C3034